U0780751

新型城镇化进程中
分配公平与经济效率的协调性研究

叶晓佳 / 著

立信会计出版社
LIXIN ACCOUNTING PUBLISHING HOUSE

图书在版编目(CIP)数据

新型城镇化进程中分配公平与经济效率的协调性研究/
叶晓佳著. —上海：立信会计出版社，2021.12
（序伦财经文库）
ISBN 978-7-5429-7045-9

Ⅰ.①新… Ⅱ.①叶… Ⅲ.①国民收入分配-影响-
中国经济-经济效率-研究 Ⅳ.①F124.1

中国版本图书馆 CIP 数据核字（2022）第 030655 号

责任编辑　　张巧玲

新型城镇化进程中分配公平与经济效率的协调性研究
XINXING CHENGZHENHUA JINCHENG ZHONG FENPEI GONGPING YU JINGJI XIAOLÜ DE XIETIAOXING YANJIU

出版发行	立信会计出版社			
地　　址	上海市中山西路 2230 号	邮政编码	200235	
电　　话	(021)64411389	传　　真	(021)64411325	
网　　址	www.lixinaph.com	电子邮箱	lixinaph2019@126.com	
网上书店	http://lixin.jd.com	http://lxkjcbs.tmall.com		
经　　销	各地新华书店			
印　　刷	江苏凤凰数码印务有限公司			
开　　本	710 毫米×1000 毫米	1/16		
印　　张	13.5			
字　　数	195 千字			
版　　次	2021 年 12 月第 1 版			
印　　次	2021 年 12 月第 1 次			
书　　号	ISBN 978-7-5429-7045-9/F			
定　　价	59.00 元			

如有印订差错，请与本社联系调换

前　　言

　　自 1978 年改革开放以来,中国大规模、快速的城镇化带来了经济增长。然而,随着城镇化进程的推进和经济的增长,经济社会发展中的各种矛盾不断涌现,经济增长显现出不可持续性、效率有待提升现象,对改革公平性的质疑声此起彼伏。还有收入分配差距过大问题不仅阻碍了经济效率的提升,还给社会和谐稳定带来较大冲击。中共十九大报告提出,坚持在经济增长的同时实现居民收入同步增长、在劳动生产率提高的同时实现劳动报酬同步提高,拓宽居民劳动收入和财产性收入渠道,加快推进基本公共服务均等化,缩小收入分配差距。当前,我国把经济实力大幅跃升、人类发展指数排名和城镇化率不断提升、城乡居民人均收入大幅提高作为实现全面建成小康社会目标的重要判断依据。而在城镇化持续推进的过程中,分配公平与经济效率是否协调发展,特别是城镇化、分配公平、经济效率三者的发展程度和速度是否和谐一致,是中国能否全面建成小康社会的关键,也是中国能否顺利迈入发达国家行列的关键。同时,要取得脱贫攻坚战的最终胜利,促进经济高质量发展,关键是要解决好城镇化进程中分配公平、经济效率的协调性问题。因此,处理好城镇化、分配公平与经济效率三者之间的协调性问题,对于提高中国城镇化发展质量、保障改善民生、促进社会公平正义具有重要的现实意义。

本书作为国家社会科学基金青年项目"新型城镇化进程中分配公平与经济效率的协调性研究"的最终成果。基于系统协调论的视角,对新型城镇化进程中分配公平与经济效率协调性的研究,本质上是对新型城镇化进程、分配公平程度与经济效率状况的协调性进行理论与实证研究。在理论研究中,本书梳理了现有的相关研究文献,对新型城镇化、分配公平与经济效率的概念内涵和判断标准等进行了阐述和界定,构建了包含主观与客观指标在内的新型城镇化、分配公平、经济效率评价指标体系,并在此基础上,对新型城镇化、分配公平、经济效率三系统之间的作用机制进行分析,对新型城镇化、分配公平与经济效率的协调性测度方法、预警机制进行深入研究。

在理论研究基础上,本书对中国总体及长江经济带 11 个省市的新型城镇化、分配公平与经济效率指数进行现状分析;借助主观评价指标量表开展问卷调查,了解中国社会民众对新型城镇化、分配公平与经济效率发展的协调程度的主观评价,并对其影响因素进行探究分析;对三系统作用机制进行实证检验;借助定量分析方法,对新型城镇化、分配公平、经济效率两两系统及三系统之间的协调度进行具体测算,并在此基础上进行预警。

本书共包括八章内容。第一章为绪论,介绍选题背景与研究意义、国内外研究进展、研究思路与研究方法、研究难点与创新等内容。第二章是基本理论与内涵,是本书的理论基础,对一般系统论、协同论和可持续发展论等理论进行了介绍,并对新型城镇化、分配公平与经济效率以及三系统协调性的内涵和判断标准进行了阐述。第三章是新型城镇化、分配公平与经济效率指标体系构建与指数分析,构建了包含主客观两维指标在内的新型城镇化、分配公平与经济效率的指标体系,并在此基础上对1997—2017年中国总体及长江经济带11个省市新型城镇化、分配公平与经济效率指数进行了分析。第四章是新型城镇化、分配公平与经济效率的相互作用机制研究,通过定性和定量分析,利用VAR模型对三者的相互作用机制进行验证。第五章是新型城镇化进程中分配公平与经济效率协调性的民意调查及其影响因素分析,根据三者的内涵设计民意调查表,从居民满意度和感受度的视角,就新型城镇化进程中居民对生活现状、收入分配公平、经济效率和资源配置效率以及三者协调性的主观感受等方面进行调查,并采用偏比例优势(partial proportional odds,PPO)模型对居民感受度的影响因素进行挖掘。第六章是新型城镇化进程中分配公平与经济效率的协调性测度,在全面评述系统协调性测度各种模型的基础上,选择了隶属函数模型,测算了1997—2017年中国总体及长江经济带11个省市新型城镇化、分配公平与经济效率的协调度,并进行时空分析。第七章是新型城镇化进程中分配公平与经济效率的协调性预警,在全面评述协调性预警各种理论基础上,设计了三者协调性的预警机制和流程,采用黄色预警法和黑色预警法,利用ARMA模型和SVR模型对三者的协调性进行预测及警报。第八章是研究结论与政策建议及未来研究展望。

通过研究,本书得到如下几点结论。

(1) 新型城镇化是指农村人口向城镇人口转变的过程,包括农村人口向城镇迁移和农村人口在本地城镇化两种转变方式,其中既蕴含了土地的城镇化(即土地性质从乡村转变为城镇),还包括人们生活理念、生活方式和消费方式等的城镇化。本书将新型城镇化进程中分配公平与经济效率的协调性内涵界定为分配公平与经济效率在新型城镇化进程中彼此和谐一致、配合得当、相互适应的程度,也称协调度。新型城镇化进程中分配公平与经济效率的协调性是新型城镇化、分配公平与经济效率三个系统之间的一种动态平衡。

(2) 本书构建了新型城镇化指数、分配公平指数与经济效率指数的客观指标体系,三个子系统指标群共设置12个二级指标、34个三级指标;同时,以量表的形式设计了新型城镇化、分配公平与经济效率的协调性主观评价指标体系。根据1997—2017年中国总体及长江经济带11个省市的数据,本书采用因子分析法计算中国总体及长江经济带11个省市的新型城镇化指数、分配公平指数与经济效率指数,发现1997—2017年全国新型城镇化指数、分配公平指数、经济效率指数总体水平都表现为逐渐增长的趋势;分配公平指数与经济效率指数比新型城镇化指数呈现更大波动幅度,呈现为曲折式上升。长江经济带11个省市新型城镇化指数与中国总体新型城镇化指数的发展趋势一致,都呈平稳的近似线性增长;从分配公平指数看,浙江、湖南和重庆呈下降走势,上海、江苏、安徽、江西、湖北、贵州、四川和云南则呈波动式上升趋势;从经济效率指数看,所有地区均呈小幅波动上升的态势。

（3）从定性分析视角来看，分配公平与经济效率既相互促进又相互制约，两者的关系可以体现为库兹涅茨倒"U"型理论。新型城镇化促进了分配公平程度的提高；同时，随着分配公平程度的提高，城镇对农村人口的吸引力大大减弱，从而阻碍了新型城镇化进程。在新型城镇化进程中，有研究表明首位城镇生产集中度与资源配置效率之间存在显著的倒"U"型关系；经济效率和资源配置效率的提升加快了新型城镇化进程。本书通过建立 VAR 模型，对新型城镇化、分配公平与经济效率三系统相互作用机制进行定量分析，观察 VAR 系统的脉冲响应函数和方差分解，较好地验证了上述定性分析结果：①分配公平指数受到某一正向冲击后会给新型城镇化指数带来非常微弱的负向影响，给经济效率指数带来显著的负向影响；②经济效率指数的某一正向冲击会给分配公平指数带来微弱的短期负向影响和长期正向影响，而给新型城镇化指数带来持续稳定的较为显著的正向作用；③新型城镇化指数受到某一正向冲击后，给分配公平指数带来持续增长的正向影响，对经济效率指数的影响存在拐点，从短期看带来逐渐减弱的正向作用，从长期看则是逐渐增强的负向作用。

（4）民意调查结果显示，全国受访居民普遍认为新型城镇化、分配公平与经济效率的协调性较低，相比之下，新型城镇化与经济效率的协调性较高，新型城镇化与分配公平的协调性最低。从地区差异来看，新型城镇化、分配公平与经济效率两两之间或三者协调性的民意评分曲线基本一致，东部地区各省份之间居民对协调性评分差异小于中部和西部地区内各省份之间的评分差异；长三角地区居民对协调性评分高于珠三角地区居民,其中,上海居民对协调性的评分较高,他们认为新型城镇化与经济效率的协调性最高。从协调性的影响因素看,分配规则公平、城乡收入差距、城乡融合度对三者协调性评分具有显著的正向效应,地区因素、受教育程度和住房类型的改变加强了城乡收入差距、城乡融合度对协调性评分的作用效应。医疗、教育等公共产品的改善,能源浪费的减少和民众节能意识的提高均对三者协调性评分具有显著的促进作用;而物价上涨、行政问责不规范、资源配置垄断等对协调性评分具有抑制作用。

(5)本书借助隶属函数协调度模型,构建了新型城镇化、分配公平与经济效率协调性测度的方法,并对1997—2017年中国总体及长江经济带11个省市新型城镇化、分配公平与经济效率的协调性进行测度,得到如下结论:①中国总体新型城镇化、分配公平与经济效率三系统协调度 $C(UJE)_t$ 要高于新型城镇化与分配公平、新型城镇化与经济效率、经济效率与分配公平两两系统之间的协调度 $C(UJ)_t$、$C(UE)_t$、$C(EJ)_t$,且 $C(UJE)_t$ 主要受 $C(UJ)_t$ 影响较为显著,而 $C(UE)_t$ 和 $C(EJ)_t$ 两者变化趋势较为相似。②长江经济带11个省市中,重庆的三系统协调性最好,四川次之,湖北最差,西部的贵州、中部的湖南和东部的江苏也属于协调性较差的区域。③从时间维度上来看,2000—2017年长江经济带新型城镇化进程、分配公平与经济效率三系统协调性整体呈"过山车"式大幅波动,阶段变化显著。④新型城镇化与分配公平的协调度均值峰值主要落在2017年,最大值较多年份主要集中在重庆和上海;新型城镇化与经济效率的协调度均值峰值主要落在2013年,最大值较多年份主要分布在重庆、四川、湖南、湖北和安徽;分配公平与经济效率的协调度均值峰值主要落在 2014 年,最大值较多年份主要集中在重庆、云南、江西和浙江。

(6) 本书将三系统协调度 $C(UJE)_t$ 作为警情,采用黑色预警法和黄色预警法,利用 ARMA 模型和 SVR 模型对三系统的协调度进行预测,并采用多数原则、半数原则、均数原则、等距原则等划分警级,根据预测的警度值和划分的警级进行报警,得到如下结论:①2000—2020 年全国总体新型城镇化、分配公平与经济效率的协调度全部处于无警或轻警区间。②2000—2020 年长江经济带大部分省份三系统协调度处于无警或轻警区间,但江苏、安徽、云南分别在 2005 年、2004 年、2000 年三系统协调度处于中警区间,表现为不协调状态。③从东、中、西部地区差异看,上海和重庆 2 个直辖市在新型城镇化进程中分配公平与经济效率的协调性较好,2000—2020 年有近 2/3 的年份处于无警状态,东部长三角地区协调度最高,而中部地区协调度较低,西部地区的贵州省协调度最低。④从长江经济带 2000—2020 年的纵向视角看,2006 年、2017 年三系统协调性最高,2000 年、2004 年三系统协调性最低;从 2018—2020 年预测的情况看,2018 年、2019 年平均每年有 3 个省市预报为无警状态,2020 年无警状态省市上升为 4 个。

最后,根据研究结论,结合国家"十四五"时期发展规划与新型城镇化的建设要求,就如何在推进新型城镇化进程中,促进分配公平与经济效率的协调发展提出政策建议。

在本课题的研究过程中,浙江工商大学的孙敬水教授对于我们在协调性预警的理论和应用上给予了很多指导。在问卷调查开展和数据处理过程中,张馨悦、吴文俊、潘思雨等同学给予了许多帮助,在此向他们表示感谢!尽管本课题组成员全力以赴,但因水平有限,呈现给各位读者的这份研究成果,仍有很多不尽如人意之处,敬请批评指正。

叶晓佳

2021 年 12 月 26 日

目 录

第一章 绪 论

第一节 研究背景与意义

一、研究背景

改革开放 40 多年来,中国经历了世界上规模最大、速度最快的城镇化,全国城镇人口比重从 1978 年的 17.92%,快速提高到 2017 年的 58.52%。城镇化还带来了经济增长。按照 1978 年不变价国内生产总值计算,中国经济总量从 1978 年的 3 679 亿元增长到 2017 年的 129 745 亿元,年均增长率为 9.57%。然而,随着城镇化的推进和经济的增长,经济社会发展中的各种矛盾不断涌现:一是以高投入、高消耗、高污染、低效益为特征的粗放型经济增长方式尚未根本转变,经济增长显现出不可持续性,经济效率有待提高;二是对改革公平性的质疑声此起彼伏,其中对收入分配制度的争议最为强烈,收入分配差距过大的问题不仅阻碍了经济效率的提升,还给社会和谐稳定带来较大冲击。1981—2017 年,中国的基尼系数从 0.288 上升到 0.467,2008 年达到 0.491 的峰值。中共十九大报告提出,坚持在经济增长的同时实现居民收入同步增长、在劳动生产率提高的同时实现劳动报酬同步提高,拓宽居民劳动收入和财产性收入渠道,加快推进基本公共服务均等化,缩小收入分配差距。当前,我国把经济实力大幅跃升、人类发展指数排名和城镇化率不断提升、城乡居民人均收入大幅提高作为实现全面建成小康社会目标的重要判断依据。而在城镇化持续推进的过程中，分配公平与经济效率是否协调发展，特别是城镇化、分配公平、经济效率三者的发展程度和速度是否和谐一致，是中国能否全面建成小康社会的关键，也是中国能否顺利迈入发达国家行列的关键。同时，要取得脱贫攻坚战的胜利，促进经济高质量发展，关键是要解决好城镇化进程与分配公平、经济效率的协调性问题，而不是片面追求单一系统的增长，否则全面建成小康社会、高质量发展经济都只能是空中楼阁。因此，处理好城镇化、分配公平与经济效率三者之间的协调性问题，对于提高中国城镇化发展质量、保障改善民生、促进社会公平正义具有重要的现实意义。

二、研究意义

(一) 理论意义

一是有助于深化新型城镇化、分配公平与经济效率三者关系的认识。城镇化、分配公平与经济效率三者的关系，是经济学和社会学长期关注的重点和难点问题。虽然理论界对新型城镇化、分配公平与经济效率三个概念和内涵以及两两之间关系从不同层次、不同视角分别做过研究，但始终没有将三者的关系研究纳入系统协调论的研究范畴。而本书关于新型城镇化、分配公平与经济效率三系统协调性的研究，特别是运用定量分析方法研究三系统间的作用机制，是对以往三系统相互关系研究的深化和拓展。

二是有助于通过构建新型城镇化指数、分配公平指数与经济效率指数来进行综合评价。由于城镇化、分配公平与经济效率不是一个单纯的经济社会问题，而是与各种因素交织在一起衡量新型城镇化、分配公平与经济效率的综合状况，难以用单一或少数几个指标来反映，需要构建一个相互联系、有机整合指数来进行综合评价分析。此外，由于新型城镇化、分配公平与经济效率不仅可以从客观的现象中得以反映,而且还可以从社会民众在生产实践、生活方式和文化活动中所形成的主观感受度中得以反映,因而对其的研究需要形成一个包含主观和客观两个维度的指标体系。

三是有助于开展新型城镇化、分配公平与经济效率的协调性测度与预警。以往研究通常对城镇化、分配公平与经济效率的协调程度采用定性的分析判断方法,缺乏运用定量分析方法以解决协调性测度问题的研究。同时,预警理论已在经济社会发展中获得日趋广泛的应用,而理论界尚未建立针对城镇化、分配公平与经济效率三者协调程度的预警机制,并以此对未来三系统协调程度作出预测和警示。因此,开展新型城镇化、分配公平与经济效率的协调性测度与预警,有助于弥补现有研究的薄弱环节。

（二）现实意义

一是有助于处理好城镇化、分配公平与经济效率的关系,提高政策制定的统筹性和协调性。改革,是牵一发而动全身的系统性工程;新型城镇化,是扩大内需、拉动经济增长的重要抓手。科学、系统地剖析城镇化、分配公平与经济效率的相互关系,有助于在制定改革发展的政策措施时能做到统筹兼顾。比如,在制定国家新型城镇化的规划中,充分考虑城乡一体化、各类城镇的协调发展,并充分考虑经济的可持续发展;在制定加快经济体制改革的政策中,充分考虑发展成果是否惠及更广泛的人民群众、是否有利于促进城乡统筹发展;在制定收入分配体制改革中,充分考虑城乡一体化的背景下中国加快发展的现实性和必要性,既注重体现公平性和可及性,又注重保护劳动者的生产积极性,不断提高生产效率,同时充分考虑社会可以承受的程度,把握好分配体制改革的力度和速度。

二是有助于客观分析和判断当前城镇化、分配公平与经济效率的协调状况,提高政策制定的针对性和有效性。构建评价指标体系,开展新型城镇化、分配公平与经济效率状况的主客观评价,运用协调性测度方法,测算城镇化、分配公平与经济效率两两系统之间与三系统之间的协调性,并开展协调性的预警研究,有助于把握改革开放以来三个系统协调状况以及未来的变化趋势,从而深入探究新型城镇化、分配公平与经济效率三系统协调性存在的不足和薄弱环节,进而找准深化改革的着力点和关键点,为科学制定政策措施提供有效支撑。

第二节　国内外研究进展

关于城镇化、分配公平与经济效率的问题,一直以来都是经济学家和社会学家关注的热门话题。特别是新型城镇化与分配公平、经济效率的协调发展问题引起了诸多国内外学者的讨论,已有文献的研究主要体现在以下几个方面。

一、关于城镇化、分配公平与经济效率的作用机制研究

(一) 分配公平与经济效率的作用关系

公平与效率是经济学界的永恒话题,一直以来都有很多学者对两者关系进行研究,并大致可以归纳为三种观点。第一种观点认为分配公平与经济效率是正相关和相互促进的,是共同保证城镇化顺利推进的前提和基础(Dutt 和 Mitra,2008;Bolton 和 Ockenfels,2006;田国强,2007)。第二种观点则正好相反,认为分配公平与经济效率是负相关和相互对立的,在竞争条件下,分配公平与经济效率之间是相互冲突的。第三种观点认为分配公平与经济效率之间存在错综复杂的关系,主要围绕 Kuznets(1955)提出的倒"U"型假说展开各种研究与验证(Galor 和 Tsiddon,1996;Chang 和 Rati,2000),并对高、中、低三种收入水平国家分别进行检验(Daniel,Alfonso 和 Julio,2016),发现在低收入国家,收入不平等推动过渡期的经济增长;在中等收入国家,基尼系数每增长 1%,人均 GDP 将下跌超过 1%;在高收入国家,收入不平

等对经济增长有显著的负作用(Markus 和 Daniel，2018)。

此外，还有很多文献通过引入其他因素研究两者关系。Galor 和 Zeira(1993)提出收入分配不公通过影响人力资本积累进而阻碍经济增长的观点，认为在资本市场不完善和人力资本投资不可分的情况下，收入分配不公会降低穷人对物质资本和人力资本的投入进而阻碍经济增长。因此，Cássio 等(2018)通过研究巴西的数据，认为收入不平等、教育水平分别负向地、正向地作用于经济增长。Kennedya 等 (2017)利用 1986—2013 年澳大利亚税收统计数据，通过控制人力资本投资因素，检验了分配不均对经济增长的影响，发现分配不均滞后两期反向作用于经济增长，对于美国和欧洲的研究也有相似结论。钞小静和沈坤荣(2014)分析 1995—2012 年中国省级面板数据发现，城乡收入差距与经济增长之间存在明显的负相关关系，城乡收入差距的扩大不仅不利于全社会经济效率的提高，反而通过劳动力质量机制抑制了经济增长。Marrero 和 Rodríguez(2013)假设收入不平等实际上是机会不平等和努力不平等的综合指标，分析美国的数据发现，机会不平等和努力不平等对经济增长的影响正好相反，其中机会不平等与经济增长是负向关系，努力不平等与经济增长是正向关系，因此收入不平等与经济增长的关系取决于机会不平等和努力不平等的规模。刘勇、白小滢和邹薇(2012)将内在能力和初始财产两种个人差异引入劳动供给内生的代表性消费者模式，研究经济增长、劳动供给与收入差异之间的关系。还有文献通过引入公共教育和社会保障等重要公共政策、财政政策，考察经济增长和不平等的关系，认为提高公共教育投入可以促进经济增长，但是对于调节收入分配的作用较弱；而加大社会保障投入可以有效降低不平等程度，但是不利于经济的长期增长；通过构建经济增长、不平等与财政政策之间的动态关联模型，发现中国税收多征于高收入人群且低收入人群得到更多补贴的时候，收入不平等减弱，经济增长加速，而中国税收多征于穷人且富人得到更多补贴的时候，收入不平等加剧，资本雇佣劳动减少，经济增长减速，并且经济增长与分配不公呈负相关。陈享光(2013)从制度视角考察我国如何协调公平与效率的关系,分别从微观领域和宏观领域提出了制度建议,即实行统一的国民待遇制度,建立公平与效率协调统一的收入和支出方面的调节制度,同时建立再分配过程中的权力制衡机制,最终形成公平与效率协调统一的收入分配制度。

(二)城镇化与分配公平的作用效应

城镇化与分配公平的关系研究主要聚焦城镇化与城乡收入差距的作用效应。大部分研究认为城镇化对于缩小城乡收入差距有显著的作用(蔡继明,1998;Yang, 1999;Chen, 2002;陆铭、陈钊,2004),内生型城镇化是实现城乡收入差距收敛的有效举措(张明斗、王雅莉,2015)。而吕世斌(2016)则认为城镇化是造成城乡收入差距扩大的原因,对城乡差距扩大产生正向冲击;反之,城乡收入差距扩大是城镇化水平上升的原因。但城镇化过程中促进城乡人口转移对总体收入差距的影响越来越小。也有研究认为城镇化进程对缩减城乡收入差距的积极影响和消极影响是并存的。城镇化对东北、华北、华东等地区城乡收入差距的影响是积极的,而对华中、华南、西北、西南等地区城乡收入差距的影响则转为消极(向书坚、许芳,2016)。城镇化的加速起初会改善城乡收入差距,但在较高城镇化水平下,城镇化水平反而加剧了贫困和城乡差距(Brantley,2017)。城镇化进程一般较先出现在较富裕地区,这一城镇化趋势就有可能扩大城乡收入差距;农村居民流动到城镇地区从事工业或服务业将有助于缩小城乡收入差距;城镇内部的服务业等部门市场化程度较高,其增长有助于降低劳动力市场的扭曲程度,从而也具有扩大收入差距的作用。但是,万广华(2013)认为城镇化进程与分配不公之间的作用关系比较复杂,可以呈倒"U"型关系,即城镇化在初期会导致整体不公的上升,但后期会带来收入分配的改善。通过对中国 1978—2011 年数据的研究发现,中国应该加速城镇化,以便促进收入分配状况的改善,但欲保持或增强城镇化对贫富差距的积极作用,关键是控制城镇内部不公平程度的加剧。此外,孙敬水和蔡培培(2019)针对社会流动与收入分配公平满意度关系的研究发现,户籍流动对收入分配公平满意度有显著的正向影响。

(三)城镇化与经济效率的作用关系

城镇化与经济效率的关系研究主要集中在城镇化是否促进经济增长和资源配置优化。城镇化利用集聚效应实现要素积累、技术创新和结构变革等,从而促进经济增长(沈坤荣、蒋锐,2007;吴福象、刘志彪,2008;程开明,2009);同时也通过集聚效应对工业和服务业竞争力产生正向效应,而工资和住房成本对工业和服务业竞争力产生负向效应,反而阻碍了人口城镇化,从而影响经济的可持续发展。将发展中国家与发达国家相比,由于两者处于工业化的不同阶段,城镇化对经济增长的促进作用是有所不同的,对于发展中国家,较低的城镇人口死亡率使得城镇人口快速膨胀,城镇化加快,从而促进经济增长;而对于发达国家,较高的城镇人口死亡率抵消了城镇人口出生率,加之移民效应和城市拥挤等因素,使得城镇化并未促进经济增长。而城镇规模的大小亦会对经济增长与资源配置效率产生影响,王小鲁和夏小林(1999)、陆铭(2016)认为规模较大的城镇会产生明显的集聚效应,从而带来较大的规模效应、较多的就业机会、较强的科技进步动力和较大的外部扩散效应,城镇集聚是推动经济增长的一个重要因素。尽管城镇规模基于集聚经济效应对于城镇运转效率的提升有显著作用,且对经济增长有明显的促进作用,但是两者间存在明显的倒"U"型关系。丁从明和聂军(2016)认为城镇规模过于集中或分散分布均不利于资源配置效率的提高,城镇生产集中度与资源配置效率之间存在显著的倒"U"型关系。对于一线城市而言,劳动力数量还需要增加约365%,政府还需要通过推进生活方式城镇化来提高其吸引力和劳动力规模,从而促进经济增长(潘士远、朱丹丹和徐恺,2018)。反过来,经济增长是决定城镇化进程的关键因素,对城镇化率有显著的统计影响(He 和

Nicholas，2015）。经济增长每提高 1 个百分点，城镇化率将增加0.9 个百分点（万广华、Anett 和郑思齐，2014）。但资本配置效率低下又会造成大中城市偏少、小城镇数目过多，从而损失社会福利（陈诗一、刘朝良和冯博，2019）。

（四）城镇化、分配公平与经济效率三者的关系研究

田新民、王少国和杨永恒（2009）提出，对于劳动剩余型发展中国家，若持续存在过大的城乡收入差距，那么在城镇化进程中，一旦涌入城镇的农村人口规模超过城镇最适度规模，就会导致城镇经济效率的迅速下降，进而降低整体经济的效率，阻碍二元经济转换。曹裕、陈晓红和马跃如（2010）基于省级面板数据分析中国城镇化水平、城乡收入差距与经济增长的关系，认为三者存在长期稳定的面板协整关系，城镇化有利于缩小城乡收入差距，进而有利于经济增长。同样认为城镇化、经济增长与城乡收入差距三个经济变量之间存在长期均衡关系的还有李宪印（2011）。他利用向量自回归模型验证了1978—2009 年中国城乡收入差距扩大可以促进城镇化的进程，而城镇化进程反过来对城乡收入差距扩大具有长期影响；经济增长对城乡收入差距的扩大产生长期正向的影响，但城乡收入差距的扩大对经济增长存在制约作用；经济增长和城镇化水平的提高互为格兰杰原因。David 和 Vicente（2014）也认为较高的收入差距水平是制约长期经济增长的一个限制因素，而城镇的集聚过程会伴随着经济增长。

二、关于新型城镇化进程中分配公平与经济效率的协调性研判

关于新型城镇化进程中分配公平与经济效率的协调性状况判断与评价，国内外学者主要有重效率、重公平、效率与公平并重等三种观点。实际上，这三种观点是站在收入分配的立场上，讨论收入分配是单

独依靠市场机制(初次分配)来完成,还是需要政府的干预(再分配)来帮助实现的问题(Koichi,2002)。

(一) 重效率

罗宾斯(1997)认为,经济发展必然带来分配不公平,而解决收入分配不公平问题的主要手段在于提高生产效率。弗里德曼(1982)认为,追求效率所体现的结果不公平本身就是公平。边际生产力理论认为,初次分配由市场去完成是市场机制发挥作用的前提,效率是市场在资源配置中发挥基础性作用的关键。政府在初次分配领域的唯一作为就是完善市场机制,保证市场分配机制的正常发挥(Phelps,2002)。注重效率是市场进行初次分配的前提条件。国内有的学者认为,把效率放在首位是社会主义初级阶段发展生产力的中心任务的必然要求,同时效率是公平的基础(陈永志、任力,2004)。蒋学模(2007)认为,"效率优先"在社会发展中占第一位的因素,关系到企业劳动生产率和社会生产力的持续提升。社会公平,不是以否定"效率优先"为代价,而是在"效率优先"的前提下实现的。

(二) 重公平

罗宾逊(1979)认为,收入分配格局是经济增长的内生变量,即分配公平影响经济效率。Caselli 和 Ventura(2000)认为,按照生产要素投入产出的效率进行分配,必然造成收入分配的不公平,这主要是由市场缺陷造成的。除了对效率的追求,在初次分配领域进行公平调节是非常重要的,代表性的理论主要包括人力资本理论(Schultz,1961)、职工持股计划和分享经济理论(Ross,1973)等,这些理论体现了初次分配追求公平的理念。国内有的学者认为,随着改革开放以来经济的高速增长,收入分配差距越来越大,给发展的可持续性带来影响,因此,在坚持"效率优先、兼顾公平"原则中应更加注重公平(安济收,2007)。有的学者还认为,应当重新审视长期以来所奉行"效率优先、兼顾公平"的发展理念,将公平置于效率之上,用公平优先促进效率(刘葆华,2006)。

(三) 效率与公平并重

萨缪尔森和诺德豪斯(2004)认为,解决公平问题本身就会带来效率的提高。阿瑟·奥肯(1987)认为,"平等与效率双方都有价值,而且其中的一方对另一方没有绝对的优先权""为了效率就要牺牲某些平等,而且为了平等就要牺牲某些效率"。刘国光(2005)认为,当前应该逐渐向"公平与效率并重"过渡,"效率优先、兼顾公平"的口号"现在就可以淡出"。过文俊(2003)认为,"效率优先、兼顾公平"应该调整为"初次分配注重效率,再分配注重公平,效率与公平并重"。茶洪旺(2008)认为,公平与效率是人类社会发展目标中相互作用的两个方面。效率决定公平的存在及发展,公平反作用于效率的大小和可持续性。在提高效率中实现公平,在实现公平中促进效率,有利于在发展过程中消除两极分化,逐步缩小区域发展差距,实现共同富裕。丁晓安(2010)认为,在经济社会领域,公平与效率总是表现为人与人之间特定的关系,这种关系的相互性决定了公平与效率的相互性,因此他基于契约理性提出公平效率观,强调效率与公平并重。

刘承礼(2008)认为,在中国的改革开放实践中,公平与效率在经济发展的不同阶段在不同程度上各有侧重:第一阶段(1978—1984 年),"克服平均主义倾向,以提高经济效益为中心";第二阶段(1984—1992 年),"效率第一,公平第二";第三阶段(1992—1993 年),"兼顾效率与公平";第四阶段(1993—2006 年),"效率优先、兼顾公平";第五阶段(2006—2008 年),"初次分配和再分配都要处理好效率和公平的关系,再分配更加注重公平"。本书认为,中共十九大以来强调的稳增长、夯实增收基础,重效率、创新分配机制则可以视为第六阶段(2017 年至今)。

三、关于新型城镇化、分配公平与经济效率的评价指标与协调性测度方法研究

（一）新型城镇化的评价指标与测度

部分研究从人口城镇化和土地城镇化两个视角设计指标体系来衡量新型城镇化水平，人口城镇化指标体系主要采用非农人口比例、人口构成、人口素质、生活水平、恩格尔系数、人均可支配收入等，土地城镇化指标体系主要采用城市建成区面积、地均固定资产投入、地均财政收入等（王丽艳、郑丹和游斌，2014；范进、赵定涛，2012）。人口城镇化的测度大多利用各地区城镇常住人口数除以总人口数得出（王小鲁，2010；王子敏、潘丹丹，2016）；但白先春、凌亢和郭存芝（2004）通过对 Logistic 模型进行修正，从中国城镇化进程视角，对中国人口城镇化水平进行测度和统计分析。还有部分研究构建较为复杂的综合评价指标体系对城镇化进程进行分析。方创琳和王德利（2011）从经济、社会、空间三方面提出了由三类 12 项指标组成的城镇化发展质量综合测度的三维指标球及判别标准值，同时引进阿金森模型，构建了城镇化发展质量的分要素测度模型和分段测度模型，并对中国城镇化发展质量及其空间分析特征作了总体评价。唐保庆和宣烨（2016）提出"三元"城镇化概念，从"外延式"城镇化、"内涵式"城镇化和"网络式"城镇化三个维度考察城镇化进程。

（二）分配公平的评价指标与测度

测度分配公平程度的常见方法有基尼系数、泰尔指数、变异系数等。其中，基尼系数是目前使用相对广泛的方法。Shorrocks（1980）论证了一类可加可分解的不公平度量方法——GE 指标。有不少国外学者，如 Kaldor（1957）、Grossman（1991）、Aghion 和 Howitt（1998）等使用人均 GDP 的变异系数和基尼系数来描述区域或国家间居民收入分

配不公平程度。我国许多学者也将上述指标作为衡量收入分配公平度的标准,但也有学者认为应综合考虑各种层次的收入分配,借助模糊数学、层次分析等方法,通过构建指标体系、综合评价模型来测度整体收入差距和工资分配公平性,以达到更准确测度收入差距及收入分配公平程度的目的(黄应绘,2010;姚芳、姚萍和孙林岩,2004;柏培文,2010;马秀贞,2008)。

(三)经济效率的评价指标与测度

现代效率测度理论是由 Farrell(1957)提出来的。Farrell 所提出的效率主要由技术效率和配置效率两部分组成。效率测度方法大体上可以分为两类:一类是以计量经济学模型为主的参数方法,该方法将单要素生产率和全要素生产率作为初次分配衡量指标(李晓宁,2010),或者通过区分技术型交易费用和制度型交易费用来构建综合交易效率指标体系(高帆,2007);另一类是以数学规划为主的非参数方法,该类方法主要是基于自由排列包(free disposal hull,FDH)和数据包络分析(data envelopment analysis,DEA)两种方法,或通过对 DEA 方法进行改进,对中国某些行业的效率状况进行实证研究(杨顺元,2008;熊正德、刘永辉,2007)。也有一些学者专门对效率测度的各种方法(如数据包络分析法、随机前沿法、自由分布法、厚前沿法及递归厚前沿法等)进行比较研究(邹朋飞,2009)。目前,不少研究采用劳动效率、资本效率、技术效率等投入产出效率指标作为经济效率的度量指标。由于帕累托效率无法被直接测度,人们不得不使用全要素生产率(TFP)作为效率测度的替代品(Kuznets,1955),而度量 TFP 常用"增长余值"(Lucas,1988)。

(四)新型城镇化、分配公平与经济效率的协调性测度

很少有文献涉及对新型城镇化、分配公平与经济效率的协调性进行测度。而在经济系统协调性测度方面,常见的方法有耦合协调度模

型、离差系数最小化法、距离协调度模型、隶属函数协调度模型、灰色关联度分析、功效系数法、逼近理想点法、数据包络分析法等。我国许多学者借助这些方法构建各种协调性测度模型,并对中国人口、城镇空间与产业集聚、经济发展与生态环境等协调性进行实证研究(曹炳汝、孙巧,2019;柯健、李超,2005;孙敬水、董立锋,2012;罗汉武,2009;叶晓佳、孙敬水,2015;张效莉,2007)。部分学者对这些方法进行改进,提出了一些定量评价系统协调发展的新方法,如汤铃等(2010)总结了协调度模型的本质,引入欧式距离,构建了距离协调度模型;王维国(1995)利用隶属函数模型,构建子系统之间的相对协调度模型。

四、关于新型城镇化、分配公平与经济效率的协调性预警研究

在系统工程预警、金融风险预警和经济预警方面,国内外研究较多,但对于将预警理论运用到跨越社会领域和经济领域关于城镇化、分配公平与经济效率的协调性研究,目前相对较少。比较有代表性的研究主要集中在对收入差距状况的预警,主要反映在对总体收入差距、城乡收入差距和行业收入差距预警体系的构建。陆铭和田士超(2007)引入消费差距和工资性收入差距,从选择基础指标、设定警戒线和设计预警信号入手,构建收入差距预警体系。王波和梁纪尧(2008)基于库兹涅茨收入分配理论,提出中国居民收入分配差异的"国内警戒线",构建以基尼系数为警情的中国居民收入差距预警体系。孙敬水和顾晶晶(2010)根据明确警情、寻找警源、分析警兆、确定警界、预报警度的预警流程,构建行业收入分配差距监测预警体系。"收入分配研究"课题组和姜玮(2010)构建了收入分配差距扩大风险测度指标体系,利用层次分析法与模糊数学理论相结合的方法,对收入分配差距扩大开展风险预警。董立锋(2012)分别从单个指标和综合指数入手,构建中国地区收入差距适度性的单指标预警机制和综合指数预警机制。

对于预警方法,美国学者早在 20 世纪 20 年代就有所研究。Kaminsky, Lizondo 和 Reinhart(1997)创建了 KLR 信号分析法;Ashot 和 Mitra(1999)构建了基于 NN 模型的货币危机预警系统;Kuo, Wu 和 Wang(2002)开发了基于模糊神经网络的智能预测系统。中国的经济预警研究起源于 20 世纪 80 年代中后期,源于对经济循环波动问题的研究,且大部分文献主要采用计量经济方法构建预警模型。杭斌和赵俊康(1997)将 VAR 模型用于经济预警;王慧敏和陈宝书(1998)将 ARCH 模型用于宏观经济预警;余根钱(2005)研制和开发了中国经济监测预警系统;张安军(2020)通过 TAR 模型和动态 Ologit 概率模型对浙江金融系统风险状况进行实证预警分析。部分文献利用机器学习方法构建金融市场风险预警模型。李志强、詹锋和周丽琴(2006)基于 BP 网络算法对江西省人口、资源、环境与经济系统的协调发展进行了预警;林宇、黄迅和徐凯(2013)基于改进的 RU-SMOTE-SVM 模型对中国金融市场极端风险进行预警研究;王鹏和黄迅(2018)以沪深 300 指数(CSI300)11 年的 5 分钟高频交易数据为研究样本,提出一种基于多分形特征的金融市场正常状态与关注状态的界定方法,并引入 Twin-SVM 模型对多分形特征下的中国金融市场风险展开预警研究。

五、对已有文献的评述

总体来看,城镇化、分配公平与经济效率一直是理论研究的重点,并已形成丰富的研究文献,但仍然存在以下几个薄弱环节:

一是综观新型城镇化、分配公平与经济效率的概念、判断标准及其协调性研判,尚存在的或未解决的主要问题有:现有的研究文献对于新型城镇化的概念和判断标准尚未形成统一的定论,大多基于定性判断,对新型城镇化的定量测度较少;对分配公平的概念研究较为丰富,但内涵研究与判断标准缺乏进一步挖掘;对新型城镇化、分配公平与经济效率协调性的定量测度较少,对三者协调性的判断往往基于研究者的价值观取向,并未以一种动态和发展的视角来判断不同阶段三者协调性状况。

二是综观城镇化、分配公平与经济效率的相互作用机制研究现状,尚存在的或未解决的主要问题有:以往的研究重点主要集中在公平与效率的关系探讨上而且观点各异,或者更多关注城镇化与收入差距、城镇化与经济增长之间的关系,将三者整合于一个完整的体系内进行研究的文献较少涉及;对公平与效率之间作用机制研究,现有文献多数是给出直接的定性判断,而相应的定量研究较少,有待进一步深入探讨。

三是综观城镇化、分配公平与经济效率的协调性评价指标与测度方法研究现状,尚存在的或未解决的主要问题有:已有的研究文献采用定性分析方法较多,定量分析成果较少;仅仅对城镇化或经济效率或收入分配公平与否进行测度,且大部分也只停留于单一指标,较少采用综合评价指标体系,且没有从主客观两个维度全面评价城镇化、分配公平与经济效率的发展水平;现有关于收入分配的测度,更多的是从外延的角度去分类测度收入差距及其公平度,较少考虑社会保障体系和公共物品或公共服务再分配形成的差距及其公平度。

四是综观城镇化、分配公平与经济效率的协调性预警研究现状,尚存在的或未解决的主要问题有:在我国,经济预警理论的很多方法及应用都还有待进一步深入探讨与研究,而且目前相关的研究文献很少涉及将预警理论运用到横跨经济领域与社会领域的城镇化、分配公平与经济效率的协调性研究;大多基于预警理论和方法的介绍,以及预警指标体系的构建,运用统计分析、计量经济模型和机器学习模型等进行实证研究的较少;以城镇化、分配公平与经济效率的协调性为警情的预警机制还未涉及;在预警方法的选择上,较多的是直接借鉴国外经济预警的方法,较少根据中国的实际情况进行一定的修正与调整。

第三节　研究思路与研究方法

一、研究思路

基于系统协调论的视角,对新型城镇化进程中分配公平与经济效率协调性的研究,本质上是对新型城镇化进程、分配公平程度与经济效率状况的协调性进行理论与实证研究。在理论研究中,本书梳理了现有的相关研究文献,对新型城镇化、分配公平与经济效率的概念内涵和判断标准等进行阐述和界定,构建包含主观与客观指标在内的新型城镇化、分配公平、经济效率评价指标体系,并在此基础上对三系统之间的作用机制进行理论分析。此外,本书还对新型城镇化、分配公平与经济效率的协调性测度方法、预警机制进行了深入研究。

在理论研究的基础上,本书广泛进行了实证研究,借助构建的客观评价指标体系,对中国总体及长江经济带11个省市的新型城镇化、分配公平与经济效率指数进行现状分析;借助主观评价指标量表开展问卷调查,了解中国社会民众对新型城镇化、分配公平与经济效率发展协调程度的主观评价,并对其影响因素进行探究分析;对三系统作用机制定性分析给予实证上的验证;借助定量分析方法,对新型城镇化、分配公平与经济效率两两系统、三系统之间的协调度进行具体测算,并在此基础上进行预测,划分警级并预报警度。

本书研究思路如图1-1所示。

二、研究方法

根据以上研究思路,本书采取理论与实证研究相结合、定性分析与定量分析相结合的方式开展研究。采用的定量研究方法如下:

(1)问卷调查法。采用问卷调查法主要是为了得到新型城镇化、分配公平与经济效率的主观评价指标数据,通过对新型城镇化、分配

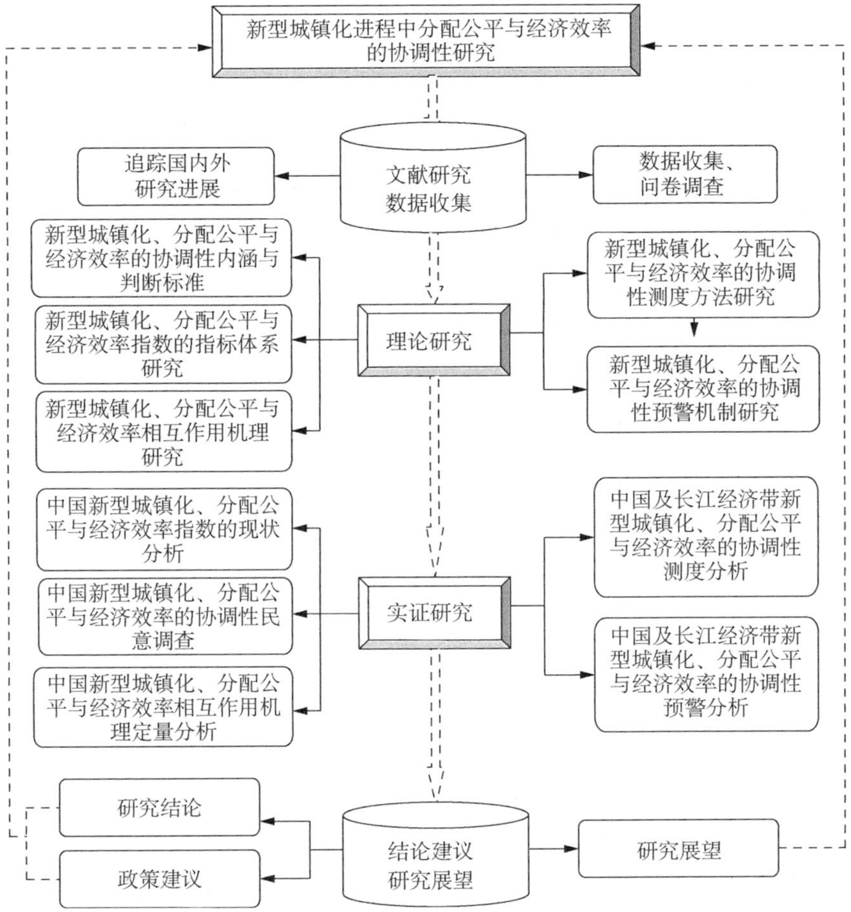

新型城镇化进程中分配公平与经济效率的协调性研究

文献研究数据收集

追踪国内外研究进展

数据收集、问卷调查

理论研究

新型城镇化、分配公平与经济效率的协调性内涵与判断标准

新型城镇化、分配公平与经济效率指数的指标体系研究

新型城镇化、分配公平与经济效率相互作用机理研究

新型城镇化、分配公平与经济效率的协调性测度方法研究

新型城镇化、分配公平与经济效率的协调性预警机制研究

实证研究

中国新型城镇化、分配公平与经济效率指数的现状分析

中国新型城镇化、分配公平与经济效率的协调性民意调查

中国新型城镇化、分配公平与经济效率相互作用机理定量分析

中国及长江经济带新型城镇化、分配公平与经济效率的协调性测度分析

中国及长江经济带新型城镇化、分配公平与经济效率的协调性预警分析

结论建议研究展望

研究结论

政策建议

研究展望

图 1-1　新型城镇化进程中分配公平与经济效率的协调性研究思路

公平与经济效率的现状调查，了解中国民众对当前新型城镇化进程、分配公平与经济效率状况以及三系统协调性的主观判断。

（2）多元统计分析法。本书采用因子分析方法对新型城镇化、分配公平与经济效率指标体系进行降维处理，计算得到新型城镇化指数、分配公平指数、经济效率指数，并利用三个指数对中国总体以及长江经济带 11 个省市的现状进行评价和分析。

（3）计量经济模型分析法。本书通过构建 VAR 模型，以及脉冲响应函数分析和方差分析,对新型城镇化、分配公平与经济效率相互作用机制进行定量分析;采用偏比例优势(PPO)模型对中国新型城镇化、分配公平与经济效率协调性民意态度的影响因素进行挖掘分析。

(4)基于隶属函数法的系统协调性方法。本书借助隶属函数方法,构建新型城镇化、分配公平与经济效率的协调性模型,并运用此模型测算两两系统、三系统之间的协调度。

(5)支持向量机模型。本书利用支持向量回归(SVR)模型对中国新型城镇化进程中分配公平与经济效率的协调性进行预测。

(6)预警方法。本书利用黄色预警法和黑色预警法对新型城镇化、分配公平与经济效率的协调度进行预警,并采用多数原则、半数原则和均数原则进行警级划分。

第四节　研究难点与创新点

本书将新型城镇化、分配公平与经济效率三个相对独立但又紧密关联的系统纳入统一分析研究架构,以系统协调论的视角开展实证研究。其中主要具有以下五方面难点:

一是如何界定新型城镇化、分配公平与经济效率及三系统协调性的概念内涵和判断标准。由于针对三个系统的研究涉及政治学、经济学、管理学、社会学、系统工程学等学科,各学科各有研究重点且分歧较大。而且,理论界关于公平与效率的关系问题长期争论不休,这些都为科学、合理地界定研究的核心概念带来了难度。

二是如何构建新型城镇化、分配公平与经济效率的指标体系。在构建指标体系过程中,我们需要综合考虑新型、公平、效率的内涵与判断标准。指标的选取范围不能太宽,否则指标体系过于冗长将缺乏操作性;指标的选取范围也不能过窄,以保障指标体系具有系统性和代表性。

三是如何保质保量地开展主观评价指标的问卷调查。如何在问卷调查中反映个人对生活现状的满意度、对分配公平的感受度,如何选取样本以确保抽样调查的代表性,这些问题都需要在调查的组织实施前给予充分考虑。

四是如何对新型城镇化、分配公平与经济效率的协调性进行测度。现有研究主要是对三者之中的某个方面进行测度,而且往往基于主观价值判断,定量分析成果较少,缺乏对三者协调性的综合测度。同时,系统协调性测度方法和模型较多,如何选择一种或者构建一套适合新型城镇化、分配公平与经济效率的协调性测度的方法也是研究难点之一。

五是如何对新型城镇化、分配公平与经济效率的协调度进行预警。目前的研究成果中,对分配结果预警过程运用计量经济模型等定量技术进行预警分析较少,针对新型城镇化、分配公平与经济效率协调性的预警机制研究几乎没有。为了对新型城镇化、分配公平与经济效率协调性的未来变化趋势进行判断,我们需要建立三者协调性的监测预警机制。

尽管针对新型城镇化、分配公平与经济效率的关系问题有过大量的研究成果,但本书仍在以下四个方面实现了创新和突破:

一是深化现有的城市化理论和收入分配问题理论。在城市化理论中,常见的城镇化率主要从人口城镇化、土地城镇化视角定义,本书基于李克强总理提出的人的城镇化的概念,赋予城镇化新的内涵,增加生活方式城镇化内容,丰富了现有城市化理论。在收入分配问题的相关研究中,较常见的是从收入差距的测算、现状、影响因素等方面进行研究,或者着重讨论分配公平与经济效率、分配公平与城镇化之间的关系。本书把城镇化、分配公平与经济效率三个系统纳入统一分析框架,从系统协调性角度进行研究,是对现有收入分配理论研究的拓展和深化,同时也为制定和完善现有的分配公平政策措施提供了一个协调性的视角。

二是从主观和客观两个维度开展新型城镇化、分配公平与经济效率指数及其协调性的现状评价。目前,针对新型城镇化、分配公平与经济效率指数的研究较为鲜见。本书从主观和客观两个维度构建指标体系,借助统计年鉴数据与问卷调查数据相结合的方式评价三系统指数的发展水平,一方面对 20 世纪末以来中国总体以及长江经济带11 个省市新型城镇化、分配公平与经济效率的指数进行客观评价;另一方面也对从全国 31 省份中抽取的 8 600 多个居民样本开展问卷调查,在样本结构上充分体现代表性和可靠性,从而了解社会民众对新型城镇化进程、分配公平与经济效率现状及其三者协调性的主观感受度,并采用偏比例优势(PPO)模型对居民感受度的影响因素进行挖掘,这较以往的研究和分析都要全面和深入。

三是基于隶属函数模型构建新型城镇化进程中分配公平与经济效率的协调度模型。本书在对现有经济、环境、能源和生态等系统之间的协调性测度模型进行梳理和对比分析的基础上,选取隶属函数模型,构建适合新型城镇化、分配公平与经济效率的协调性测度方法,分别测算了两两系统、三系统之间的协调度。

四是构建新型城镇化进程中分配公平与经济效率的协调性预警机制。本书将协调度作为警情,采用黑色预警法和黄色预警法,利用ARIMA 模型和支持向量回归(SVR)模型对三系统的协调度发展水平进行预测,同时采用多数原则、半数原则、均数原则、等距原则等划分警级,根据预测的警度值和划分的警级分析新型城镇化进程、分配公平与经济效率协调性的警度并报警,从而构建起新型城镇化进程中分配公平与经济效率协调性的预警机制和流程,这对开展相关领域的监测预警具有重要现实意义。

第二章　基本理论与内涵

协，即和谐、协调。西汉哲学家、文学家扬雄在《太玄·玄数》中提出"声律相协而八音生"。调，即协调、调和。《荀子·富国》中提出"其耕者乐田，其战士安难，其百吏好法，其朝廷隆礼，其卿相调议，是治国已"。《牛津哲学词典》(*Oxford Dictionary of Philosophy*)指出，协调是"各方利益相一致的状态以及使各方利益都得到满足的手段。协调性，亦称相容性、一致性、无矛盾性"。

本书中的协调性研究，是指对新型城镇化、分配公平与经济效率这三个系统之间或系统内部组成要素之间彼此和谐一致性进行分析和判断。本书试通过对系统协调性的分析，促进三个系统之间或者系统内部各组成要素相互作用、相互配合、相互适应，从而实现三个系统整体的持续深入的发展。在全面展开研究之前，我们有必要对系统协调性的相关理论进行阐述，再对新型城镇化、分配公平与经济效率的协调性内涵与判断标准进行界定。

第一节　系统协调性理论

一、一般系统论

20世纪40年代，系统论作为一门新兴学科产生，其用系统思想、系统原理和系统方法去观察和研究事物,革新传统的科学认识和方法,建立了人类认识的新模式。

客观世界中的任何事物,都可以被看作一个系统。而一般系统论则是对系统的共性作出一定的概括,如系统的整体性、层次性、关联性、动态性、有序性和目的性等。因此,一般系统论的研究对象不是具体的系统而是抽象的系统。而系统科学研究的主要内容就是揭示各个不同性质的系统之间所表现出的存在方式和运动方式的一致性,即一般系统的"同构性"问题。

系统论用系统概念来定义研究对象,强调系统结构与功能的研究,以及系统、要素、环境三者的相互关系和变动的规律性研究。在思维方式上辩证地结合分析与综合,使系统方法形成了"综合系统方案—建立数学模型—优化重整"的模式。系统论以其思维方式的变革改变了传统的机械分析的思维方式,开启并形成了系统综合的思维方式,为人类理性认识客观世界提供了一种新的科学视角。

由于世界上的具体系统为数众多又千差万别,因而根据不同的原则,系统的类型可以进行如下划分:

(1)简单系统是指组成系统的子系统数量较少,彼此关系比较简单的系统。简单系统的一个共同特点是系统内的元素往往是同质的,它们的结构和功能都是一样的。对于简单系统,我们通常采用传统的把整体分为局部,从而简约到研究个体,再综合成整体的还原论方法来处理。

(2)复杂系统中构成系统的元素不仅数量庞大,而且是非线性的;系统具有层次结构,且每个层次都具有自身的规律性,但层次之间具有一定联系;系统是动态的,是一个动态演化的系统;系统中关系的含义是广义的,可以是定量关系,也可以是逻辑关系等。如果这个系统又是开放的,与外界有能量、信息或物质的交换,就称作开放的复杂系统。对于复杂系统目标,目前还没有形成从微观到宏观的理论,也没有从子系统相互作用出发构造出来的统计力学理论,这些还处于探索之中。

（3）复杂网络是由节点和连线组成的，其中节点表示组成系统的元素，两节点的连线表示元素之间的相互作用。从系统科学的观点来看，复杂网络也是一类系统。它的子系统是网络的节点，子系统之间的关系是网络的连线。以系统科学的观点研究网络，就是研究不同节点和连线所构成的网络整体的性质，它们与节点和连线的分布有什么关系。而从网络科学的观点来看，一个系统也可以看作一个网络，系统中的每个子系统都可视作网络的一个节点，两个子系统之间的关系用一条线连接起来即为网络的一条边。研究系统的整体演化行为，就是分析网络整体的行为，研究系统整体与局部的关系，分析上述网络整体与节点、连线之间的关系，这是研究复杂系统演化的一条新思路。

（4）大型集成系统的体系是依托网络技术而集结的结构松散、联系紧密的系统。这种体系是一个地域分布广泛，没有固定的系统组织结构和系统边界，主要依靠一系列组织和协议标准，通过信息交互而集成的大型系统工程。它和其他系统的区别表现在，组成体系中的各系统是独立管理的，且分布在不同的地理位置。在实际操作中，人们已研究与总结出一套有效的管理和实施办法，如三峡工程、南水北调等大型工程项目。

（5）复杂任务广泛存在于众多领域，针对多目标、多约束、多阶段和多主体的问题，具有很强的动态性、模糊性和不确定性。由于其解决的是具有重大应用需求的复杂任务的规划、调度和决策问题，因而需要通过多学科的集成与整合，形成"定性定量结合、虚实结合、软硬结合、人机结合、综合集成"的新的方法论去解决。

二、协同论

作为系统科学"新三论"之一的协同论（synergetics），由德国物理学家赫尔曼·哈肯（Hermann Haken）于20世纪70年代提出。哈肯教授在研究激光系统理论的基础上，汲取了物理学的平衡相变理论，数学中的突变理论、稳定性理论、分岔理论、动力系统微分方程理论，非平衡动力学中的耗散结构理论，以及当前的控制论、信息论等诸多学科的知识，提出了一整套处理协同问题的思路和方法。

协同一词来自古希腊语，协同论即"合作的科学"。从词源上分析，"syn"表示在一起引起的协调与合作，"ergetics"表示组织结构和功能，它们联合组成"synergetics"一词。系统在发生相变时，由于大量子系统的协同一致，引起宏观结构的质变，从而产生新的结构和功能，也就是说，系统中的质变是系统内部子系统之间的关联发生改变引起的。因此，协同论可以说是"以内因为根据"来阐明相变的条件、特征和规律的一门科学。

协同论认为，在纷繁的世界中，每个层次中的系统都是由下一个层次的大量子系统所构成，系统的结构和状态正是大量子系统协调和合作的结果。按照系统结构与环境的关系划分，系统大致可以分为两类：一类系统的组织结构和功能是靠外部的指令形成和运转的，这类系统被称为组织系统，系统工程大多研究这类系统。另一类系统的特点是当外界加给系统的控制参数未达到一定值（临界值）时，系统的状态只产生量的变化；但当控制参数达到这个值时，子系统之间通过非线性的相互作用产生协同现象和相干效应，使系统形成具备一定功能的自组织结构，从而在宏观上产生时间结构、空间结构或时空结构，出现新的有序状态。在相变前后，控制参量并未发生质的改变，而系统的这种新结构或新状态是在一定外部条件下系统内部自身组织起来而形成的，对此，我们称之为自组织（self-organization）系统。协同论的研究对象就是各类与外界有能量、物质交换的开放系统中的自组织形成的条件和规律。而协同作用不仅存在于自组织系统中，也存在于组织系统中；既存在于许多已知系统中，也存在于大量正在探索的相变系统中。

协同论在处理各类相变过程通常需要经过"三部曲"。在"第一部曲"中，协同论使用数学中的线性稳定性分析寻找分叉点（失稳点），这种方法旨在考查当控制参量达到什么值（临界值或阈值）时，原解（系统的原来状态)丧失线性稳定性(即达到了相变点),系统进入不稳定性后则研究系统转变为什么样的新状态。在"第二部曲"中,协同论研究的是系统在失稳之后各个量之间的关系及其发展。协同论发展了突变论中的"快方程"和"慢方程"处理方法,建立了充分体现自组织过程的独特的绝热消去原理,它隐含着协同有序的物理思想和哲理。由于新的组织和结构是系统内部自行组织起来的,因此系统中大量子系统之间的协同合作决定着系统中新的组织结构或状态。在"第三部曲"中,协同论把前"两部曲"得到的结果归结为建立和求解序参量方程,从而得到方程的解,也就是演化之后系统的状态或结构。由于快变量的数目成千上万,每个快变量都表征着子系统的每一种状态或行动,协同论通过绝热近似以后,把每个快变量表示成少数慢变量的函数,这样就把动力系统复杂的耦合微分方程组化简为求解一个或少数几个序参量方程的问题,使求解过程大大简化。

基于辩证法分析协同论的方法论,可以从以下四方面把握:一是从矛盾的个性中把握共性。尽管不同系统的性质迥异,但是它们从无序向有序的转变遵循某种共同的规律,即由旧结构突变为新结构的机制是类似的,这一发现是哈肯创立协同论的客观依据。二是抓住系统演化中的主要矛盾。协同论通常采用序参量概念代表一个系统有序的程度。由于一个系统包含的子系统十分庞大,对应的序参量数目同样巨大。因而,在具体分析中,协同论区分了系统中不同序参数的不同作用,比如,是本质因素还是非本质因素,是暂时作用因素还是长远作用因素,从而抓住系统演化过程的主要因素,使问题迎刃而解。三是运用类比的研究方法。通过不同系统之间的类比可以发现,尽管具体机制有所不同,但它们遵循着相同的演化规律,因而我们采用同样的数据模型来描述不同系统从无序向有序的转变。四是正确处理同一性和斗争性的关系。哈肯在研究系统演化的过程时,恰当地处理了矛盾的同一性和斗争性的关系,注重分析系统内部各子系统之间的相关性和子系统本身的独立性,以及序参量之间通过合作和竞争而出现的新的统一,从而具体描述系统如何从一个旧结构演变为新结构,以及系统演化发展的序列,充分揭示自然界乃至人类社会从低级有序地向高级过渡的过程。

三、可持续发展论

自 20 世纪以来,伴随着人类社会生产力的快速提高,经济、社会、生态等系统割裂开来谋求发展所造成的毁灭性破坏日益引起国际社会的重视,可持续发展的概念应运而生。1987 年,世界环境与发展委员会(WCED)向联合国提交了报告《我们共同的未来》,正式提出了"可持续发展"的概念和模式,并将其定义为"既满足当代人的需要,又对后代人满足其需要的能力不构成危害的发展"。其后,这一概念被广泛应用于经济学和社会学范畴,成为涉及经济、社会、文化、技术和自然环境的综合的动态的概念。

可持续发展的内涵主要包括五个方面:一是共同发展,可持续发展追求的是地球这一生态巨系统的整体发展和协调发展;二是协调发展,既包括经济、社会、环境三大系统的整体协调,也包括世界、国家和地区三个空间层面的协调,还包括一个国家或地区经济与人口、资源、环境、社会以及内部各阶层的协调;三是公平发展,包括时间维度的公平,即当代人的发展不能以损害后代人的发展能力为代价,以及空间维度的公平,即不能因满足某一区域的利益需要而损害其他区域的利益需要;四是高效发展,既包括经济意义上的效益,又包括自然资源与环境的损益;五是多维发展,应走符合本国或本地区实际的、多样性的、多模式的可持续发展道路。

国内外学者针对可持续发展理论的建立和完善,主要沿着经济学、社会学和生态学三个方向展开,因而可持续发展理论成为涵盖经济可持续发展、社会可持续发展、生态可持续发展三大部分的综合体系。经济可持续发展强调不能以环境保护为名取消经济增长,经济发展是国家综合实力和社会财富的基础,只有经济持续发展才能满足人民的基本需求,减少并消除贫困,提高生活质量;不仅要重视经济增长的数量,还要追求经济发展的质量,表现在改变传统的以"高污染、高消耗、高投入"为特征的生产模式和消费模式,实施清洁生产和文明消费,从而实现集约型经济增长方式。社会可持续发展强调以人的全面发展为宗旨,提高劳动者的科学技术和文化水平,增加人力资本存量,形成人、社会和自然良性循环、协同发展的良好关系,从而实现社会系统的全面进步和持续发展能力的持续更新;同时强调消除贫困并公平分配财富,因为不公平性会助长社会发展的非持续性,只有公平性才能保持社会发展的稳定性和持续性。生态可持续发展强调生态系统是人类生存和发展的唯一物质支撑体系,要通过改善生态系统并使之良性循环,实现经济建设与生态环境的承载能力相协调。

在上述国际公认的三个研究方向基础上,中国科学院开创了可持续发展理论研究的第四个方向,即系统学方向。该研究方向的突出特色是以综合协调的观念,探索可持续发展的本源和演化规律,并将"发展度、协调度和持续度的逻辑自洽"作为中心,有序地演绎可持续发展的时空耦合与三者相互制约、相互作用的关系,建立人与自然、人与人关系的统一解释基础和定量评判标准,充分体现出公平原则(代际公平、人际公平和区际公平)、持续性原则(人口、资源、环境、发展的动态平衡)和共同性原则(体现全球尺度的整体性、统一性和共享性)。

第二节 新型城镇化、分配公平与经济效率以及三者协调性的内涵与判断标准

一、新型城镇化的内涵与判断标准

(一)新型城镇化的内涵

《周书·宇文护传》中记载"护率轻骑为先锋,昼夜兼行,乃遣裨将

攻梁临边城镇",《资治通鉴·后唐庄宗同光三年》中也提及"自馀城镇皆望风款附"。可见,"城镇"一词的出现可以追溯到周朝。城镇,也叫城镇聚落,是以非农产业和非农业人口为主,具有一定规模工商业的居民点。[①] 城镇化,也称为城市化,是指随着一个区域社会生产力的发展、科学技术的进步以及产业结构的升级,人类生产、生活方式由农耕文化向工业文明转变,由以农业为主的传统乡村型社会向以工业和服务业为主的现代城市型社会转化的历史过程。[②] 在此过程中,第二、第三产业在城镇集聚,农村人口不断向城镇转移,人们生产方式和生活方式不断转变,并且城镇数量增加、规模扩大,人类文明进步,社会经济持续发展。2014 年,国务院印发《关于调整城市规模划分标准的通知》,明确规定常住人口在 2 000 人以上、2 万人以下,其中非农业人口超过 50%的居民点都是城镇。2011 年,中国城镇人口占总人口的比重达到 50%以上,这标志着中国开始进入以城镇为主的新阶段;到2019 年年末,中国城镇常住人口比重首次超过 60%。[③]

对城镇化的概念内涵有多种看法:一是把城镇化看作城镇中心的理念和实践向城镇周围地区辐射的过程;二是把城镇化看作行为模式以及思考问题方式的城镇化;三是把城镇化看作城镇人口比例不断增加的过程。美国的《世界城市》认为城镇化"一是人口从乡村向城镇运动,并在城镇从事非农工作;二是乡村生活方式向城镇生活方式的转变,这包括价值观、态度和行为等方面。"其观点第一方面强调人口的密度和经济职能,第二方面强调社会、心理和行为因素。国内学者把城镇化的概念分为狭义和广义。狭义的城镇化是指人口城镇化,即农村人口迁移到城镇转变为城镇人口,或农村地区转变为城镇地区使农村人口转变为城镇人口,由此使城镇人口规模增大、比重提高的过程。广义的城镇化,除了包括人口城镇化,还包括人们通常所说的土地城镇化、

---

① https://baike.baidu.com/item/%E5%9F%8E%E9%95%87/72733?fr=aladdin.
② https://baike.baidu.com/item/%E5%9F%8E%E5%B8%82%E5%8C%96/42793.
③ http://www.stats.gov.cn/tjsj/hdsj/.

生活方式的城镇化等。李克强总理提出人的城镇化概念,并指出要推进以人为核心的新型城镇化。中共中央、国务院印发的《国家新型城镇化规划(2014—2020年)》中明确提出,要有序推进农业转移人口市民化,并使其享有城镇基本公共服务;优化城镇化布局和形态,建立城市群发展协调机制,促进各类城市协调发展。① 之后,学者们纷纷开始关注新型城镇化问题,任远(2014)认为要重视迁移流动人口的市民化和社会融合,要将社会群体需求的满足、人民福利水平的提升作为城镇化的目标,要重视提升人的发展能力,重视更为平等和积极的经济参与和社会投入。阮陆宁(2016)将新型城镇化定义为以人为核心,以经济高效为发展动力,以生态文明为发展原则,以功能完善为发展内容,以城乡统筹为发展目标,最终实现经济、社会与环境和谐发展的城镇化。

总的来看,城镇化是一个复杂的社会现象,新型城镇化概念更是具有丰富的内涵和外延。本书认为,新型城镇化是指农村人口向城镇人口转变的过程,包括农村人口向城镇迁移和农村人口在本地城镇化两种转变方式,其中既蕴含了土地的城镇化,即土地性质从乡村转变为城镇,还包括人们生活理念、生活方式和消费方式等的城镇化。

(二)新型城镇化的判断标准

根据城镇化的概念,仅运用人口指标能够从数量上简洁、直观地反映城镇化程度,但是作为社会经济发展结果的城镇化本质上是从空间视角来分析社会资源在地域空间上集聚的原因、动力机制和影响。而新型城镇化更是赋予了土地之上生活和生产的人的因素,需要考虑人们生活理念、生活和生产方式的转变等。因此,判断所谓新型城镇化质量,不仅要考察城镇化进程中聚集起来的社会资源的使用效率以及结构效应,还要考察人们生活方式、生活理念和消费方式等是否真正

---

① http://www.gov.cn/zhengce/2014-03/16/content_2640075.htm.

转变,从而对整个社会经济发展产生作用和影响。因此,本书认为,判断一个国家或地区新型城镇化的进程,可以从人口学、地理学、经济学和社会学等角度综合研究,不仅要考量其人口城镇化和土地城镇化的程度,还要考察其产业结构、人口生活和消费方式的转变程度,主要体现在人口城镇化、土地城镇化和生活方式城镇化等方面。

二、分配公平的内涵与判断标准

(一)分配公平的内涵

公平,作为伦理学概念,具有从公正角度出发,平等对待每一个与之相关对象的含义。在经济伦理学中,公平具体指社会成员财富分配的相对均衡化。美国政治哲学家约翰·罗尔斯(John Rawls)认为,在正义的概念中,公平是最基本最重要的观念,即"作为公平的正义"。他认为公平之正义应偏向于"合乎最少受惠者的最大利益",在不侵犯个人的自由、平等基本权利的条件下,照顾那些社会中处于弱势的少数人,缓和贫富者之间的冲击,使社会趋于安定团结,从而提高效率。罗尔斯为研究公平与效率关系开创了新的思路。美国哲学家罗伯特·诺齐克(Robert Nozick)的公平观是以个人自由优先、权利至上的人权原则为前提,认为在社会财富或利益分配领域中也必须坚决贯彻这一原则。他提出经济分配是否公平,体现在个人对财产占有的权利是否得到保证。习近平总书记在世界经济论坛 2017 年年会开幕式上指出,要让发展更加公平,让发展机会更加均等、发展成果人人共享,就要完善发展理念和模式,提升发展公平性、有效性和协同性。①

如果要准确把握公平的内涵,就要区分"公平""公正""平等"等概念。所谓公正,即正义,是对政治、经济、法律、道德等领域中制度和行为之合理性的一种道德认识和肯定评价。公正既指符合一定道德规

---

① 习近平总书记在世界经济论坛 2017 年年会开幕式上的主旨演讲《共担时代责任　共促全球发展》,《人民日报》,2017 年 1 月 18 日。

范的行为,又指处理人际关系和利益分配的基本原则,即一视同仁和得所当得。由此可见,公正重点强调过程公平,而公平的内涵大于公正,除了包括过程公平,还包括起点公平和结果公平。而平等,一般指人与人之间在经济、政治、文化等方面处于同等地位,享有同等的权利,其外延小于公平。平等是一个相对客观、能够用某种尺度加以衡量的概念,而公平则是一个主观价值判断,所以每个人可能有自己特有的公平观。而且不同的社会制度、经济体系或不同的经济发展阶段,体现出的公平观都是不同的。

分配公平是指在资源配置过程中形成的人与人之间的平等与合理对待的社会关系。这种公平感是相对的,是社会成员对于社会整体贫富差距和收入公平程度的态度,以及与其预期公平收入、实际收入之间的相关关系。本书从四个方面阐述这一概念的内涵:首先,分配公平源于人际关系,是人类社会关系深化和发展的结果。脱离人类社会关系,分配公平问题便无从谈起。其次,分配公平具有历史性、阶级性和相对性。分配公平是历史发展的产物,作为人们对社会关系的价值判断,分配公平在不同的经济制度和历史发展阶段具有特定内涵,受经济社会发展阶段和水平的影响,并且不同社会、不同阶级对分配公平的认识也存在差异。再次,分配公平贯穿于资源配置的始终。分配公平的内涵不仅包括分配结果的公平,还包括资源配置的起点公平、机会公平,以及分配过程中的规则公平。起点公平是一切分配公平的基础和前提,分配过程公平是分配结果公平的保障。最后,分配公平是人与人的平等对待关系在经济生活中的具体表现,显示付出与得到之间成比例关系,从而也说明这种平等关系具有合理性。

国内部分经济学学者在初次分配领域主张"过程公平",在再分配领域主张"结果公平",但两者性质完全不同,把初次分配和再分配混淆,用一把尺子来度量所有的公平内容是不妥当的。就本书而言,分配公平的内涵界定为以下三个层面:

一是起点公平,也称机会公平,是指社会成员在踏入经济社会、通过劳动获得收入之前的竞争起点是合理与公平的。所谓的竞争起点公平,不是说所有社会成员在竞争起点上对生产资料和社会资源进行平均分配和享用,而是指那些在智力、体力和劳动能力等处于同一水平的社会成员在使用生产资料和社会资源等方面应享有同等的权利和机会,即享有平等地接受教育的权利、公平地竞争工作岗位的权利、平等地享有社会资源和信息的权利等。起点公平是分配公平的基础。

二是过程公平,也称规则公平,是指社会成员在劳动过程中的竞争要遵循统一固定的程序和标准,实行"平等竞争"。任何一个人的正当权利都可以按照规章制度中的程序和标准得到无差异的对待,而不会因为出身贵贱、体力好坏、财富多少、能力和学历高低等受到不公平对待,它赋予每一位社会成员平等的人格地位。这里的公平强调的是分配规则和标准的一视同仁,而不是分配结果的平均化。个人由于能力、体力等的不同,即使分配规则相同,得到的分配结果也必然不同。过程公平是分配公平的核心。

三是结果公平,是指每个社会成员利用自身智力、体力和能力通过脑力或体力劳动之后,有权利获得相应的劳动报酬,而所得的劳动报酬与其各种投入应是相符的、合理的、公平的,投入与产出成一定比例。结果公平是分配公平的最终目标。

(二)分配公平的判断标准

罗尔斯在《正义论》中提出"正义"的两个原则:一是在各种基本权利和义务的分配上实行平等,即公民自由平等的原则;二是在财富和权力不平等的情况下,只有使得益最少的社会成员的利益得到补偿时才是正义的,即差别原则。

具体就分配公平的判断标准而言,徐富明等(2020)从心理学视角认为收入分配公平判断是人们对自己收入所得公平与否的主观评价。福利经济学主张分配公平的标准是看收入分配能否增进全社会经济福利水平(杨强,2007)。罗尔斯认为分配公平应注重"结果的平等",社会经济和财富的分配应有利于社会之最不利成员的最大利益。而诺齐克则认为分配的过程更为重要。周天楠（2010）提出分配公平必须遵循分配主体的平等性原则、分配规则的正当性原则、分配过程的秩序性原则、分配结果的公平性原则。杨强（2007）提出分配公平判断标准，即将一般标准、具体准则和量化标准作为判断分配公平的标准。其中，一般标准包括生产关系标准和生产力标准；具体准则包括分配的前提条件是否公平、收入与投入的根据是否相适应、收入差距是否适度；量化标准包括基尼系数、泰尔指数等。

本书将分配公平的判断标准确定为分配起点是否公平、分配过程是否公平以及分配结果是否公平。分配起点公平的判断标准主要体现在接受教育的权利、进行就业的权利、享受社会资源和信息的权利等方面；分配过程公平的判断标准主要体现在行业竞争度、市场竞争度、税负公平度等方面；分配结果公平的判断标准主要体现在不同地区、不同行业、不同性别在收入方面的公平程度，可用基尼系数、泰尔指数等指标来反映。

三、经济效率的内涵与判断标准

（一）经济效率的内涵

在《辞海》中，"效率"被定义为"消耗的劳动量与所获得的劳动效果的比率"。"效"指效果和功用，"率"指一定的标准和比率。效率从一般意义上说是指人们的活动与成果的关系。

对于经济效率，我们可以从两个角度进行理解：一是从生产角度来看，效率是指耗费与获得、投入与产出的比率关系。当投入一定时，产出最大化；当产出一定时，投入最小化。而高效率意味着生产力提高、成本降低以及实现利润最大化，劳动和资本要素得到充分利用，既不形成浪费又不闲置，资源效用完全释放。以劳动要素为例，在生产过程中，劳动者把自己的脑力与体力劳动投入与产品产出进行比较，以最小的劳动投入获得最大产出,此时的经济效率就变现为劳动生产率。二是从资源配置角度来看,经济效率是一种资源配置效率。由于资源的稀缺性和人类欲望的无限性,人们总是想尽一切办法利用最少的资源获得最多的产出,通过对有限资源进行合理配置从而达到较高的经济效率。如果资源不具有稀缺性,那么经济效率就失去了存在的意义。

(二)经济效率的判断标准

在福利经济学中,帕累托最优状态被作为经济效率的判断标准。所谓帕累托最优状态,是指如果对于某种既定的资源配置状态,所有的帕累托改进均不存在,即在该状态上,任意改变都不可能使至少有一个人的状态变好而又不使任何人的状态变坏,则称该种资源配置状态为帕累托最优状态。换言之,如果某种既定的资源配置状态,存在帕累托改进,即在该状态上,还存在某种改变可以使至少一个人的状况变好而不使任何人的状况变坏,则这种状态就不是帕累托最优状态。因此,当达到帕累托最优状态时,就具有经济效率;反之,未达到帕累托最优状态就是缺乏经济效率。

本书讨论的经济效率包括生产效率和配置效率,指在生产过程中投入与产出的状态,以及在资源配置过程中资源配置的有效性和利用资源的有效程度。经济效率最高意味着资源的最优配置。其主要体现在经济规模的扩大、经济结构的优化、经济活力的增长、要素生产效率的优化、技术效率和资源使用效率的提高等方面。

四、新型城镇化进程中分配公平与经济效率的协调性内涵及判断标准

(一)新型城镇化进程中分配公平与经济效率的协调性内涵

协调作为一种状态,表明系统各要素之间具有"融洽"的关系,从而

表现出"最佳"的整体效应。由于系统处于动态变化的状态,系统内部要素之间的关系也处在不断调整之中。随着城镇化进程的加快、经济效率的提高,农村居民收入也随之增加,城乡收入差距缩小,促进了分配公平。经济增长是收入分配的前提,而经济持续增长的过程也是追求经济效率的过程。经济增长是收入分配中经济效率的最终追求目标。经济效率的提高,可以为分配公平奠定物质基础,收入分配公平则会激发社会成员的工作积极性,促进经济效率的提高。因此,本书将新型城镇化进程中分配公平与经济效率的协调性界定为:分配公平与经济效率在新型城镇化进程中和谐一致、配合得当、相互适应的程度,也称协调度。

新型城镇化进程中分配公平与经济效率的协调性是新型城镇化、分配公平与经济效率三个系统之间的一种动态平衡,其包括以下三层含义:一是共同发展。促进分配公平不能以牺牲经济效率为代价,提高经济效率必须以分配公平为基础,在经济增长的同时注重分配公平,不能一味发展经济,而全然不顾公平。分配不公会引起社会成员的不满情绪,从而导致影响社会稳定的不良因素的产生。而如果只关注分配公平,那势必就会回到"平均主义",经济效率的提高也会大大受到影响,没有了物质基础,分配公平也就无从谈起。在新型城镇化进程中,更不能一味地强调土地城镇化,而是要更注重人的城镇化,在促进经济效率提高的同时兼顾分配公平,使三者发展达到一种协调的动态平衡,这种动态平衡是一种兼顾新型城镇化、分配公平与经济效率共同发展的平衡。二是相互促进。其主要表现为新型城镇化进程的不断推进,经济效率的不断提高,收入分配公平体制的不断完善。这样才能使三个系统发展步伐协调、相互适应、配合得当。三是不等同于平等发展。这是指无论新型城镇化进程如何,经济效率不一定就要增长多少,分配公平程度不一定也要随之相应地提高多少,这个尺度不是相等地发展,而是在一定范围内相互适应,只有合适的才是协调的。

对新型城镇化进程中分配公平与经济效率协调性的探讨,旨在发现三个系统之间目前是处于矛盾的失衡状态,还是处于和谐一致的平衡状态;三者协调一致的趋势是否真实存在,协调程度如何,协调关系如何发展。根据以上论述,协调性是新型城镇化进程、收入分配公平程度与经济效率状况相适应、相配合的包含多个属性的综合概念和最优组合状态,也可称最优协调度。由于三者均可单独成为一个系统,自身在发展过程中都有诸多不确定因素影响,因此在某一社会环境中,某一经济发展阶段中三者的协调性(最优协调度)不是一个确定值,而是一个区间值。

(二)新型城镇化、分配公平与经济效率协调性的判断标准

新型城镇化进程中分配公平与经济效率的协调性可以从定性和定量两个角度来判断。第一,定性角度,从系统间或系统内部要素间能否实现共同发展、动态平稳、相互促进等角度判断,但协调性不等同于"平等发展",而是在一定范围内相互适应。第二,定量角度,构建指标体系,对系统间或系统内部要素间的协调性状况进行度量。对此,本书将在后面章节作深入分析和探讨。

第三章 新型城镇化、分配公平、经济效率指标体系构建与指数分析

对于新型城镇化指数、分配公平指数与经济效率指数的分析,其指标体系框架设计的难点在于,能否使新型城镇化、分配公平与经济效率的局部目标向整体目标推进,以形成三者协调发展的目标结构。这种目标结构的存在,使各类指标在结构性联系的基础上得到了系统的分解,并为新型城镇化进程中分配公平与经济效率的协调性参照系的建立以及协调性测度的量化标准提供了变化依据。本章的目标是通过对子系统发展状态的描述和客观状态水平的测定,从主客观两个维度,构建新型城镇化指数、分配公平指数与经济效率指数的指标体系,并利用客观指标数据,进行综合评价分析。

第一节 指标体系设计原则

在构建评价指标体系的过程中,科学发展观和以人为本的理念是基本的指导思想。指标的选取应遵循五个基本原则。

一、科学性原则

新型城镇化、分配公平与经济效率三系统的综合评价指标体系是对三个系统状况的一种量化,指标的选取、指标权重的确定、数据的选取、计算公式等必须以经济学理论和社会学理论为依据,即具有科学

性和合理性。设计的各指标必须符合中国经济社会发展实际情况,概念确切、含义清楚、方法科学,以提高评价结论的可靠性。

二、全面性原则

由于新型城镇化、分配公平与经济效率三个系统受多种复杂因素影响,很难用少数几个指标去反映,因而指标体系的设计必须遵循全面性、系统性原则。在甄选各级各项指标时,指标体系的设计要按照总量指标、相对指标和平均指标相结合,属性指标和空间指标相结合的原则,从各个侧面、各个层次描述和反映新型城镇化、分配公平与经济效率等子系统发展变化的整体状况,以避免片面性导致分析结果的非科学性。

三、代表性原则

尽管综合评价指标体系应该比较全面地反映各子系统的变化趋势、内部关系及其与其他系统的关系,但是我们不能简单地认为指标体系中的指标个数越多,就越能全面地反映问题,而是应该充分考虑指标选取和设计的典型性和代表性,尽量不选含义相近或相关度较大的指标,用尽可能少但信息量大的指标反映多方面问题,从而实现全面性与简洁性的有机统一。

四、可行性原则

指标体系的建立应具有可行性和可操作性。这可以从两方面把握:一方面,应充分考虑统计资料的可及性,选取的指标数据便于从现行的统计年鉴、文献资料或统计调查资料中获取;另一方面,还应充分考虑实证研究的需要,如对不同年份的新型城镇化、分配公平与经济效率三个系统进行综合评价,选取的评价指标应对应时间序列数据,若为一次性调查数据,相应的指标就无法入选。

五、主客观指标结合原则

新型城镇化、分配公平与经济效率的综合评价不仅表现为系统之间客观状况的发展速度均衡或者一致，而且表现为民众对收入差距、分配公平、经济效率、社会稳定等诸多问题的一种心理感受。前者可以通过客观指标来衡量，通过构造专门指标、寻找相关数据、利用统计方法，来定量测算三个子系统的发展水平。后者属于主观指标，需要通过民意测验、利用问卷或者量表来反映民众对新型城镇化进程中分配公平与经济效率协调性的主观感受。因此，进行综合评价时，只有实现主客观指标的互补统一，才能科学准确地反映三者的综合发展水平。

第二节　新型城镇化、分配公平与经济效率的指标体系构建

根据新型城镇化、分配公平与经济效率的综合评价指标体系所涉及的相关领域与包含的要素，本书分别设计客观指标体系和主观指标体系。其中，客观指标体系划分为新型城镇化子系统指标体系、分配公平子系统指标体系、经济效率子系统指标体系；主观指标主要以量表的形式体现。

一、客观指标体系

（一）新型城镇化子系统指标

根据新型城镇化概念的界定，判断新型城镇化的进程不仅要考量人口城镇化和土地城镇化的程度，还要考察产业结构、人口生活和消费方式、人口思想和文化的转变程度，主要体现在人口城镇化、土地城镇化和生活方式城镇化等方面。因此，新型城镇化子系统包括人口城镇化指标群、土地城镇化指标群和生活方式城镇化指标群。人口城镇

化指标群主要用城镇人口比重、城镇人口密度指标来描述；土地城镇化指标群主要用城镇建成面积比重这个指标来描述；生活方式城镇化指标群主要用职工人均工资、人均社会消费品零售额等指标来描述。具体如表3-1所示。

表3-1　新型城镇化子系统客观评价指标

指标名称			指标性质	指标单位	指标统计口径及简介
一级指标	二级指标	三级指标			
新型城镇化(U)	人口城镇化(U_1)	城镇人口比重(U_{11})	正指标	—	计算方法为户籍非农业人口数除以年末户籍人口数,指所有人口中城镇人口比重,反映人口城镇化的程度
		城镇人口密度(U_{12})	正指标	人/平方千米	计算方法为城镇常住人口除以城区面积,反映城镇中人口居住的密度;值越大,说明人口城镇化程度越高
	土地城镇化(U_2)	城镇建成面积比重(U_{21})	正指标	—	计算方法为建成区面积除以市辖区面积,反映土地已经被城镇化的程度
	生活方式城镇化(U_3)	职工人均工资(U_{31})	正指标	元/人	城镇职工人均工资,值越高,说明城镇人口收入水平越高,生活方式城镇化的可能性越高
		人均社会消费品零售额(U_{32})	正指标	元/人	计算方法为社会消费品零售额除以年末人口数,反映城镇人口生活方式城镇化的程度

（二）分配公平子系统指标

分配公平子系统包括起点公平指标群、过程公平指标群和结果公平指标群。起点公平指标群主要用以下指标来描述:义务教育普及率、高中阶段在校学生性别比、高等教育入学率、教育经费占GDP比重。

过程公平指标群主要用以下指标来描述:行业竞争度、税负公平度、投资市场化程度。结果公平指标群主要用以下指标来描述:分配公平度、城乡居民人均收入比、劳动报酬比重、行业职工工资泰尔指数。上述各指标的具体界定及计算口径详见表3-2。

表3-2　分配公平子系统客观评价指标

指标名称			指标性质	指标统计口径及简介
一级指标	二级指标	三级指标		
分配公平(J)	起点公平(J_1)	义务教育普及率(J_{11})	正指标	用学龄儿童净入学率占小学升学率的比重来计算。该指标表示接受九年义务教育的人口覆盖率,在一定程度上反映了教育的公平度
		高中阶段在校学生性别比(J_{12})	适度指标	计算方法为高中阶段在校学生中男生人数除以女生人数,反映教育在性别上的公平程度
		高等教育入学率(J_{13})	正指标	用普通高等学校招生数占高中阶段毕业生数的比重来计算,高中阶段毕业生数包括普通高中和职业中学毕业生数。该指标表示接受高等教育的覆盖率
		教育经费占GDP比重(J_{14})	正指标	该指标指财政在教育上的投入。指标值越大,说明教育的受重视程度越高,在一定程度上也反映了教育的覆盖面越广,公平性越高
	过程公平(J_2)	行业竞争度(J_{21})	逆指标	用行业集中度来表示,即增加值排名前5位的行业增加值占GDP的比重。该指标值越大,代表行业竞争度越低
		税负公平度(J_{22})	正指标	用个人所得税增长率与居民收入增长率之比来表示。该指标值越接近1,说明税负公平度越高
		投资市场化程度(J_{23})	正指标	该指标指固定资产投资中非国有经济比重。市场化程度越高,分配过程越公平

（续表）

指标名称			指标性质	指标统计口径及简介
一级指标	二级指标	三级指标		
分配公平（J）	结果公平（J_3）	分配公平度（J_{31}）	适度指标	用居民收入差距适度性指标来表示，计算公式为：居民收入差距适度性＝1－基尼系数。其中，基尼系数反映的是居民收入分配差距
		城乡居民人均收入比（J_{32}）	适度指标	该指标指城镇居民人均可支配收入与农村居民人均纯收入之比，用于反映城乡居民收入水平的差距情况
		劳动报酬比重（J_{33}）	正指标	该指标指人均劳动报酬占人均 GDP 的比重
		行业职工工资泰尔指数（J_{34}）	适度指标	根据公式 $EG(1) = \frac{1}{n} \sum_{i=1}^{n} \frac{y_i}{\mu} \cdot \ln\left(\frac{y_i}{\mu}\right)$ 计算，反映行业间收入分配差距

（三）经济效率子系统指标

经济效率子系统主要包括经济规模指标群、经济结构指标群、经济活力指标群、要素生产效率指标群、技术效率指标群和资源利用效率指标群。经济规模指标群用国内生产总值、出口总额、全社会固定资产投资总额、人均财政收入、年末居民人均储蓄额等指标来描述；经济结构指标群用第三产业增加值比重、外贸依存度等指标来描述；经济活力指标群用 GDP 增长率、固定资产投资增长率和财政收入增长率指标来描述；要素生产效率指标群用劳动生产率、资本生产率指标来描述；技术效率指标群用 R&D 经费支出比重、高新技术产业产值比重、万人专利申请受理数等指标来描述；资源使用效率指标群用单位 GDP 能源消耗、单位 GDP 水资源消耗和农作物复种指数等指标来描述。各指标的具体界定和解释详见表 3-3。

表 3-3　经济效率子系统客观评价指标

指标名称			指标性质	指标单位	指标统计口径及简介
一级指标	二级指标	三级指标			
经济效率（E）	经济规模（E_1）	国内生产总值（E_{11}）	正指标	亿元	按 1990 年不变价格计算的国内生产总值
		出口总额（E_{12}）	正指标	亿美元	指国家货物出口总额。该指标可以反映一个国家对外贸易总规模,我国规定按离岸价格统计
		全社会固定资产投资总额（E_{13}）	正指标	亿元	是以货币形式表现的在一定时期内全社会建造和购置固定资产的工作量以及与此有关的费用的总称。该指标是反映固定资产投资规模、结构和发展速度的综合性指标
		人均财政收入（E_{14}）	正指标	元	计算方法为财政收入总额除以总人口数。财政收入是指国家财政参与社会产品分配所取得的收入,用以反映对地方经济、社会发展的支撑能力,包括各项税收、专项收入、其他收入、国有企业亏损补贴等四个部分
		年末居民人均储蓄额（E_{15}）	正指标	元	计算方法为城乡居民在银行等金融机构年末人民币储蓄存款总额除以年末总人口数
	经济结构（E_2）	第三产业增加值比重（E_{21}）	正指标	—	指第三产业增加值占 GDP 的比重,反映了第三产业的经济规模与构成
		外贸依存度（E_{22}）	正指标	—	该指标又称对外开放度指数。用货物进出口总额除以 GDP 来计算,反映了一个国家对外贸易经济活动总量相对于国内生产总值的比重

（续表）

指标名称			指标性质	指标单位	指标统计口径及简介
一级指标	二级指标	三级指标			
经济效率（E）	经济活力（E_3）	GDP 增长率（E_{31}）	正指标	—	GDP 相对于上年总值的增长率
		固定资产投资增长率（E_{32}）	正指标	—	固定资产投资总额相对于上年总额的增长率
		财政收入增长率（E_{33}）	正指标	—	财政收入总额相对于上年总额的增长率
	要素生产效率（E_4）	劳动生产率（E_{41}）	正指标	元/人	计算方法为年末 GDP 除以总就业人数，反映了劳动人口的人均产出
		资本生产率（E_{42}）	正指标	—	指年末 GDP 与资本存量之比，反映了每一单位资本所带来的产出
	技术效率（E_5）	R&D 经费支出比重（E_{51}）	正指标	—	计算方法为 R&D 经费支出除以年末 GDP，反映科技研究活动投入的多少
		高新技术产业产值比重（E_{52}）	正指标	—	计算方法为高技术产业总产值除以年末 GDP，是衡量高技术产业效率的重要指标
		万人专利申请受理数（E_{53}）	正指标	件/万人	计算方法为国内外三种专利申请受理数除以年末总人口数。专利是专利权的简称，是对发明人的发明创造进行审查合格后，由专利局依据专利法授予发明人和设计人对该项发明创造享有的专有权。专利包括发明、实用新型和外观设计，反映拥有自主知识产权的科技和设计成果情况

（续表）

指标名称			指标性质	指标单位	指标统计口径及简介
一级指标	二级指标	三级指标			
经济效率（E）	资源使用效率（E_6）	单位 GDP 能源消耗（E_{61}）	逆指标	吨标准煤/万元	计算方法为能源消费总量除以年末 GDP。该指标又称能源强度，指的是每一单位产出所消耗的能源，反映能源利用效率情况
		单位 GDP 水资源消耗（E_{63}）	逆指标	立方米/万元	计算方法为水资源消费总量除以年末 GDP，指的是每一单位产出的水资源消费量，反映水资源的利用效率情况
		农作物复种指数（E_{64}）	正指标	—	指农作物总播种面积与耕地面积之比，是反映耕地利用效率的指标

二、主观指标设计

在构建新型城镇化、分配公平与经济效率的综合评价指标体系的过程中，不仅要发挥客观指标、定量指标的作用，还要重视主观指标、定性指标的作用，从而形成主客观两维的评价指标体系。

从内涵来看，新型城镇化、分配公平与经济效率的综合评价是指三个系统在经济社会发展过程中的总体发展水平，三者是否朝着一个方向发展，将直接反映在评价结果中。这一过程包含着人们对新型城镇化、分配公平与经济效率三者发展程度与协调关系的亲身感受和主观评价，这需要考虑到社会民众的心理和主观感受。因此，新型城镇化、分配公平与经济效率的综合评价指标体系的设计需要增加反映人们心理感受和预期的主观指标。虽然这些指标是定性指标，但是可以借助民意调查的方式来获得。

本书设计了以量表形式来表现的主观评价指标体系，主观评价指标量表详见表 3-4。

表 3-4　新型城镇化、分配公平与经济效率主观评价指标量表

问　　　题	程度由低到高				
您觉得当前我国城镇与农村融合程度	1	2	3	4	5
您认为全国总体收入差距程度	1	2	3	4	5
您认为城乡收入差距程度	1	2	3	4	5
您认为行业收入差距程度	1	2	3	4	5
您认为当前社会分配规则和标准的公平程度	1	2	3	4	5
您认为当前公众对收入差距扩大的承受力	1	2	3	4	5
您认为当前政府资源配置效率	1	2	3	4	5
您认为当前社会分配公平与经济效率的协调程度	1	2	3	4	5
您认为当前城镇化进程与经济增长率的协调程度	1	2	3	4	5
您认为当前城镇化进程与城乡居民收入差距的协调程度	1	2	3	4	5
你认为当前城镇化进程、分配公平与经济效率的协调程度	1	2	3	4	5

第三节　中国新型城镇化指数、分配公平指数与经济效率指数的评价分析
——以长江经济带 11 个省市为例

一、评价方法与评价步骤

(一)指标变换

根据本章第二节构建的三大指标体系,从指标性质看,评价指标可分为正指标、逆指标和适度性指标等三类。虽然没有理由认为在一个评价指标体系中必须采用正指标形式或逆指标形式,但理论与实践都表明,综合评价的结论会受到指标正逆表现形式的影响。因

此,本书参考苏为华(2000)的做法,将逆指标和适度性指标都变换成正指标形式。一个指标正逆形式的转变过程被称为"转向式逆变换",因为它使指标测度值说明问题的方向发生"逆转"或者说它改变了原指标的取值方向;而一个适度指标的取值单向化过程被称为"单向式逆变换"。

转向式逆变换有"差式"和"商式"两种。其常用的变换公式分别如下:

$$差式逆变换:y^* = 1 - y \qquad (3-1)$$

$$商式逆变换:y^* = 1/y \qquad (3-2)$$

差式逆变换是通过正逆指标之间的互补关系而确立的一种逆变换方式。商式逆变换是通过正逆指标的互反关系而确立的一种逆变换方式。由于商式逆变换其实就是对原指标作倒数化处理,只要变换前的指标不为零值,则商式逆变换就可实施。一般的强度相对数、平均数、比例相对数、比较相对数都采用这种逆变换形式。对于所有的线性综合评价模型,倒数化变换都会影响综合评价的结论。所以,一般的做法是先对原始数据进行对数化处理,然后再采用一定的方法进行综合评价。

单向式逆变换有"分段变换法"与"绝对离差法"两种基本形式。

分段变换法是将适度指标的某一段按原公式取值,而另一段作上述"差式"或"商式"逆变换,使两段具有相同的测量方向,同时将两段指标的取值数量级别(或起点)作必要的统一。绝对离差法基本思路是先计算指标值与适度值之间的离差,再取绝对值消去符号的影响。其公式为:

$$y^* = | y - k | \qquad (3-3)$$

式中,k 为适度指标适度区间的适度值。由于此函数亦可写成分段函数形式,故"绝对离差变换"其实是分段变换的一个特例:其中一段不变,另一段采用"差式"逆变换。

根据式(3-1)、式(3-2)和式(3-3),本书将指标体系中涉及的逆指标和适度指标转换为正指标。

(二)新型城镇化、分配公平、经济效率评价指数构建

本书采用因子分析法构建新型城镇化指数、分配公平指数与经济效率指数。因子分析模型是通过对一组变量(指标)之间相互关系的研究,综合成少数几个综合性因子(不可观察的随机量),并将原始变量再现为这些因子的一种线性模型。

因子分析法在研究复杂问题时将大量信息综合成少数几个公共因子,更容易抓住主要矛盾并反映被评价对象的整体情况,所以这种方法被广泛运用在各个领域。新型城镇化子系统、分配公平子系统与经济效率子系统均涉及多种复杂因素,包括多个方面指标,所以因子分析法对本书的指数评价是同样适用的。其主要步骤如下:

第一步:数据标准化。

设有 n 个个体,每个个体有 p 个变量(指标),记为 X_1, X_2, $\cdots$, X_p,

原始数据资料矩阵: $\boldsymbol{X} = (X_1, X_2, \cdots, X_p) = \begin{pmatrix} x_{11} & x_{12} & \cdots & x_{1p} \\ x_{21} & x_{22} & \cdots & x_{2p} \\ \vdots & \vdots & \ddots & \vdots \\ x_{n1} & x_{n2} & \cdots & x_{np} \end{pmatrix}$,

对原始数据进行标准化处理:

$$x_{ij}^* = (x_{ij} - \bar{x}_j)/s_j \tag{3-4}$$

式中, $s_j = \sqrt{\dfrac{1}{n-1}\sum\limits_{i=1}^{n}(x_{ij}-\bar{x}_j)^2}$, $\bar{x}_j = \dfrac{1}{n}\sum\limits_{i=1}^{n}x_{ij}(i=1, 2, \cdots, n,$

$j=1, 2, \cdots, p)$。

计算标准化后的指标数据 $X^* = (X_1^*, X_2^*, \cdots, X_p^*)$,计算相关

系数矩阵 $\boldsymbol{R}$，然后求 $\boldsymbol{R}$ 的特征根，并从大到小排序 $\lambda_1 \geqslant \lambda_2 \geqslant \cdots \geqslant \lambda_p \geqslant 0$，得到相应的正交化特征向量 $u_j = (u_{1j}, u_{2j}, \cdots, u_{pj})^\tau (j = 1, 2, \cdots, p)$，$\tau$ 表示转置。

对于所有指标数据是否适宜作因子分析的检验，常用的检验方法有两种：计算 Kaiser-Meyer-Olkin 抽样充分性指标（简称 KMO 统计量）和作 Bartlett 球形检验。KMO 统计量是用来判断变量之间偏相关高低的，它通过比较各变量简单相关与偏相关之间的大小得到，其取值区间为 $[0, 1]$。一般认为，KMO 统计量越接近 1，作因子分析的效果就越好，KMO 大于 0.9 时效果最佳，KMO 介于 0.7～0.9 时效果尚可，KMO 在 0.5～0.6 时效果稍差，而 KMO 小于 0.5 时则认为不适宜作因子分析。Bartlett 球形检验用于检验待分析变量之间的相关矩阵是否为单位矩阵（即变量之间是否为不相关的或者独立的）。原假设是"变量之间是独立的"，如果检验结果是不拒绝原假设，即意味着各变量相关程度很低，不适宜作因子分析。

第二步：建立初始因子模型，并估计有关参数。

因子模型的一般表达式为：

$$\boldsymbol{X} = \boldsymbol{A}_0 \boldsymbol{F} + \varepsilon \tag{3-5}$$

式中，$\boldsymbol{X}$ 为评价指标体系中 p 个指标（可观测）构成的列向量；$\boldsymbol{F}$ 为 m 个因子（$m \leqslant p$）构成的不可观测向量，但 $\boldsymbol{F}$ 是原变量 $\boldsymbol{X}$ 的线性组合；$\boldsymbol{A}_0$ 为因子载荷矩阵。

待估计的参数包括最小因子数 k、公共方差及唯一性方差、因子贡献率、因子载荷系数。参数估计的方法很多，可以有主成分法（PC 法）、最大似然法、普通最小平方法（最小偏差法）、主轴因子法、映像因子提取法等，不同方法的结果是有差异的。一般，人们将用 PC 法求初始参数的方法称为"主成分因子分析法"，本书也将采用主成分法对参数进行估计。因子个数 m 不同，最后综合评价的结果也会略有不同。因子个数选择原则有累计方差贡献率原则（>80%）、平均特征根原则

$(\lambda_k \geqslant \sum \lambda / p)$、Scree Test 和 Bartlett Test 等。根据公共因子的特征值和累计方差贡献率大于 80% 的原则,本书选取前 m 个评价因子,可分别得到三个子系统指标群样本数据的 m 个因子得分,然后对评价因子进行必要的解释。

第三步:对 $\boldsymbol{A}_0$ 进行旋转处理,得旋转后的因子载荷矩阵 $\boldsymbol{A}_1$ 及相应的因子模型。

旋转目的是找到实际意义更加明显、更加好解释的公共因子,旋转不改变公共因子对原始变量的总贡献度。因子旋转就是寻找一个变换 T,使旋转后的因子模型如下:

$$\boldsymbol{X} = \boldsymbol{A}_0 \boldsymbol{T}\boldsymbol{T}^{-1}\boldsymbol{F} + \varepsilon \tag{3-6}$$

令 $\boldsymbol{A}_1 = \boldsymbol{A}_0\boldsymbol{T}$,$\boldsymbol{F}^* = \boldsymbol{T}^{-1}\boldsymbol{F}$,得到旋转后的"最终因子模型":

$$\boldsymbol{X} = \boldsymbol{A}_1 \boldsymbol{F}^* + \varepsilon \tag{3-7}$$

可见,此时公共因子与载荷矩阵同时进行了相应的旋转变换处理。需注意的是,若要进行旋转处理,必须选择两个或两个以上的公共因子。本书采用最大方差法来进行正交旋转。

第四步:给出公共因子表达式。

在实践中,公共因子表达式的取得方式有两种:"估计公因子"和"载荷矩阵公因子"。前者有回归分析法、最小平方法、Bartlett 法及对之修正后的 Anderson-Rubin 法等。后者可以分为"载荷矩阵完全公因子"和"简化公因子"两种方法。本书根据"载荷矩阵公因子"方法取得公共因子。

第五步:构造子系统评价指数。

设用于评价的第 i 个公因子为 $f_i^* = \sum c_{ij}x_j$,则子系统评价指数为:

$$Fac^* = \sum_{i=1}^{m} w_i f_i^* = \sum_{i=1}^{m}\sum_{j=1}^{p} w_i c_{ij} x_j \tag{3-8}$$

式中，f_i^* 为第 i 个公因子，w_j 为第 j 因子的权重，x_j 为第 j 指标的标准化值。

根据上述计算步骤，本书利用因子分析法构建新型城镇化指数 $F(U_t)$（包括人口城镇化、土地城镇化、生活方式城镇化），分配公平指数 $F(J_t)$（包括起点公平、过程公平、结果公平），经济效率指数 $F(E_t)$（包括经济规模、经济结构、经济活力、要素生产效率、技术效率、资源使用效率）。该方法的优点在于能够缩减数据量，在数据信息量损失最小的前提下，用少数几个公共因子代替原始的多维变量，在指标权重的确定上比较客观，人为影响因素较小。

二、实证分析

（一）数据来源与说明

本书构建的新型城镇化、分配公平与经济效率指标体系中各指标的数据来源如下：在新型城镇化子系统中，城镇人口密度、城镇建成面积比重数据来自《中国城市统计年鉴》（1998—2018 年），城镇人口比重、职工人均工资、人均社会消费品零售额数据来自《中国统计年鉴》（1998—2018 年），城市建成面积比重＝建成区面积÷市辖区面积。在分配公平子系统中，税负公平度数据来自历年《中国税收统计年鉴》（1998—2018 年），由个人所得税增长率与居民收入增长率之比计算得到，分配公平度由 1－基尼系数[①]表示，行业竞争度＝排名前五行业增加值÷增加值总额，行业公平度＝1－行业职工工资泰尔指数，该指数根据公式 $T = \dfrac{1}{n} \sum_{i=1}^{n} \dfrac{y_i}{\mu} \cdot \ln\left(\dfrac{y_i}{\mu}\right)$ 计算得到。在经济效率子系统中，劳动生产率、高技术产业产值占比数据来自中国可持续发展数据库[②]，

---

① 居民收入基尼系数的计算方法采用胡祖光（2004）提出的简易计算公式（胡祖光，《基尼系数理论最佳值及其简易计算公式研究》，《经济研究》，2004 年第 9 期，第 60—69 页）。

② 具体网址如下：http://www.chinasd.csdb.cn/tree.jsp。

资本生产率＝不变价地区生产总值÷资本存量,资本存量根据永续盘存法计算得到,折旧率采用张健华和王鹏(2012)估算的各省各时期的折旧率,单位 GDP 水资源消耗数据来自水利部历年《中国水资源公报》。

除了以上数据,其余数据均来自《新中国六十年统计资料汇编》,经整理得到。其中,GDP、全社会固定资产投资总额、人均财政收入、劳动生产率、单位 GDP 能源消耗等数据均以 1990 年价格为基期。长江经济带 11 个省市数据均来源于各省市统计年鉴,其中,上海部分数据来源于《光辉的七十载:1949—2019 上海历史统计资料汇编》,其余 10 个省市部分数据来源于《中国教育统计年鉴》《中国城市统计年鉴》和各省市统计资料汇编。

本书少量缺失数据的处理说明如下:对于大部分缺失数据,通过 SPSS 邻近点的线性趋势法替换缺失数据,利用缺失数据所在的序列建立线性回归方程,然后用回归方程中缺失数据所在点的预测值替换缺失数据。2016 年、2017 年长江经济带 10 个省市(上海市除外)的城镇人口密度由于没有直接数据,由所有城镇人口数除以城镇面积总和来代替。所有逆指标均已转换为正指标,基尼系数、城乡居民人均收入比、行业公平度等适度性指标已进行处理。

(二)各指标描述性统计

根据表 3-1、表 3-2 与表 3-3,得到新型城镇化子系统、分配公平子系统与经济效率子系统各指标描述性统计结果,如表 3-5、表 3-6 和表 3-7 所示。对于所收集的数据是否适宜作因子分析,通过 KMO 和 Bartlett 球形度检验,KMO 均大于 0.7,说明变量之间具有较好的相关性,适合进行因子分析;Bartlett 的球形度检验的伴随概率均为 0,明显小于显著性水平 0.05,因而拒绝 Bartlett 的球形度检验的原假设,各变量间的独立性假设不成立,适宜作因子分析。

表 3-5 新型城镇化子系统各指标描述性统计

变量(指标)	全国				长江经济带 11 个省市平均水平			
	最大值	最小值	均值	标准差	最大值	最小值	均值	标准差
城镇人口比重(U_{11})	58.52	31.91	45.62	8.08	56.72	30.5	42.2	8.16
城镇人口密度(U_{12})	316.00	222.95	269.03	23.14	584.51	516.77	549.43	21.12
城镇建成面积比重(U_{21})	5.78	2.47	4.34	0.92	8.46	3.79	5.89	1.39
职工人均工资(U_{31})	74 318.00	6 470.0	30 786.14	21 106.39	74 720.4	6 505.55	30 597.8	21 111.8
人均社会消费品零售额(U_{32})	26 348.24	2 528.02	10 254.53	7 625.37	26 476.4	2 570.62	10 249.2	7 572.38

表 3-6 分配公平子系统各指标描述性统计

变量(指标)	全国				长江经济带 11 个省市平均水平			
	最大值	最小值	均值	标准差	最大值	最小值	均值	标准差
义务教育普及率(J_{11})	99.39	92.67	97.01	2.1	99.93	88.65	96.68	3.74
高中阶段在校学生性别比(J_{12})	1.22	0.97	1.11	0.07	1.7	0.96	1.2	0.2
高等教育入学率(J_{13})	98.9	46.1	78.86	13.35	77.24	22.38	53.13	15.46
教育经费占 GDP 比重(J_{14})	4.28	2.34	3.29	0.68	4.79	1.79	3.59	0.85
行业竞争度(J_{21})	38.65	15.93	30.3	8.6	42.2	20.86	32.03	6.76
税负公平度(J_{22})	6.51	-0.32	2.19	1.7	14.41	-1.93	2.23	3.53

（续表）

变量（指标）	全国				长江经济带 11 个省市平均水平			
	最大值	最小值	均值	标准差	最大值	最小值	均值	标准差
投资市场化程度（J_{23}）	75.59	38.04	61.83	12.23	73.08	40.8	59.53	9.71
分配公平度（J_{31}）	0.63	0.51	0.55	0.04	0.69	0.57	0.62	0.03
城乡居民人均收入比（J_{32}）	3.33	2.47	3.02	0.26	3.22	2.3	2.76	0.28
劳动报酬比重（J_{33}）	53.28	36.67	46.85	4.45	58.27	36.72	47.87	6.68
行业职工工资泰尔指数（J_{34}）	0.91	0.8	0.85	0.02	0.86	0.66	0.76	0.05

表 3-7 经济效率子系统各指标描述性统计

变量（指标）	全国				长江经济带 11 个省市平均水平			
	最大值	最小值	均值	标准差	最大值	最小值	均值	标准差
国内生产总值（E_{11}）	67 023.2	36 435.1	49 937.7	11 096	5 038.89	1 262.64	2 605.12	1 229.84
出口总额（E_{12}）	23 422.9	1 827.9	11 775.1	8 052.66	1 016.72	42.87	471.64	355.57
全社会固定资产投资额（E_{13}）	224 617	12 622	86 760	73 000.2	9 268.82	450.62	3 217.75	2 857.59
人均财政收入（E_{14}）	4 225.84	344.41	1 958.23	1 330.93	3 606.42	266.82	1 582.31	1 148.54
年末居民人均储蓄总额（E_{15}）	37 196.2	3 743.53	17 848.2	12 056.7	46 569.7	3 524.44	19 183.2	14 019.8

（续表）

变量（指标）	全国				长江经济带 11 个省市平均水平			
	最大值	最小值	均值	标准差	最大值	最小值	均值	标准差
第三产业增加值比重（E_{21}）	53.41	35	43.56	4.57	50.23	34.82	42.02	4.31
外贸依存度（E_{22}）	64.24	31.52	45.02	10.38	44.98	13.97	28.95	9.23
GDP 增长率（E_{31}）	8.09	−1.27	2.96	2.89	14.99	7.44	10.94	2.27
固定资产投资增长率（E_{32}）	33.13	−0.08	15.3	7.45	37.65	1.15	15.97	8.51
财政收入增长率（E_{33}）	26.35	2.76	14.16	5.72	34.53	0.35	14.67	8.85
劳动生产率（E_{41}）	29 744.3	5 821.1	15 235.8	7 631.65	9 054.49	4 085.44	6 153.72	1 622.91
资本生产率（E_{42}）	89	42.12	51.01	11.32	79.62	5.16	26.45	20.67
R&D 经费支出占 GDP 比重（E_{51}）	2.08	0.64	1.45	0.47	4.78	0.42	1.93	1.35
高技术产业产值占 GDP 比重（E_{52}）	20.61	7.65	16.07	4.16	21.08	5.55	11.99	5.02
万人专利申请受理数（E_{53}）	26.6	0.93	8.72	8.15	27.94	0.54	8.82	9.07
单位 GDP 能源消耗（E_{61}）	5 147.49	2 971.82	3 754.69	612.5	2 797.99	1 139.57	1 740.75	520.18
单位 GDP 水资源消耗（E_{62}）	38.2	7.14	19.47	9.59	155.79	76.91	105.53	21.37
农作物复种指数（E_{63}）	128.39	117.16	121.5	2.52	28.53	11.15	21.56	6.46

（三）指数计算结果分析

本书根据旋转后的累计方差贡献率大于 80% 的标准，提取各子系统指标群的评价因子，再将各子系统指标群各因子的方差贡献率作为权重，分别得到新型城镇化指数、分配公平指数和经济效率指数。1997—2017 年中国及长江经济带 11 个省市城镇化指数、分配公平指数和经济效率指数如表 3-8 和图 3-1、图 3-2 所示（长江经济带 11 个省市三个子系统具体指数见附表 1）。

表 3-8　1997—2017 年中国新型城镇化指数、分配公平指数与经济效率指数

年份	新型城镇化指数	分配公平指数	经济效率指数
1997	−1.17	−0.48	−1.25
1998	−1.09	−0.07	−1.24
1999	−1.04	−0.03	−1.30
2000	−0.99	−0.12	−0.95
2001	−0.80	−0.16	−0.69
2002	−0.62	−0.24	−0.76
2003	−0.47	−0.71	−0.34
2004	−0.37	−0.51	0.20
2005	−0.31	−0.75	0.32
2006	−0.20	−0.82	0.53
2007	−0.06	−0.76	0.99
2008	0.08	−0.76	0.45
2009	0.20	−0.18	0.12
2010	0.37	0.02	0.52
2011	0.63	0.11	0.97
2012	0.78	0.41	0.53
2013	0.85	0.38	0.52
2014	1.03	0.60	0.37
2015	1.16	1.04	0.44

（续表）

年份	新型城镇化指数	分配公平指数	经济效率指数
2016	0.84	1.31	0.20
2017	1.18	1.73	0.38

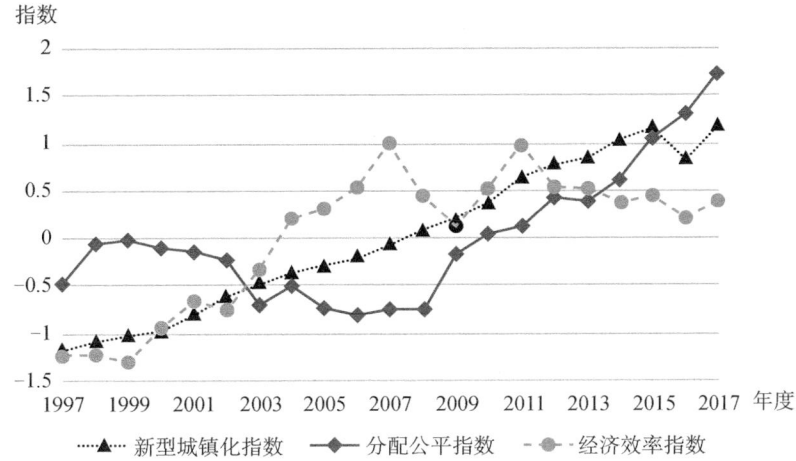

图 3-1　1997—2017 年中国新型城镇化指数、分配公平指数与经济效率指数趋势图

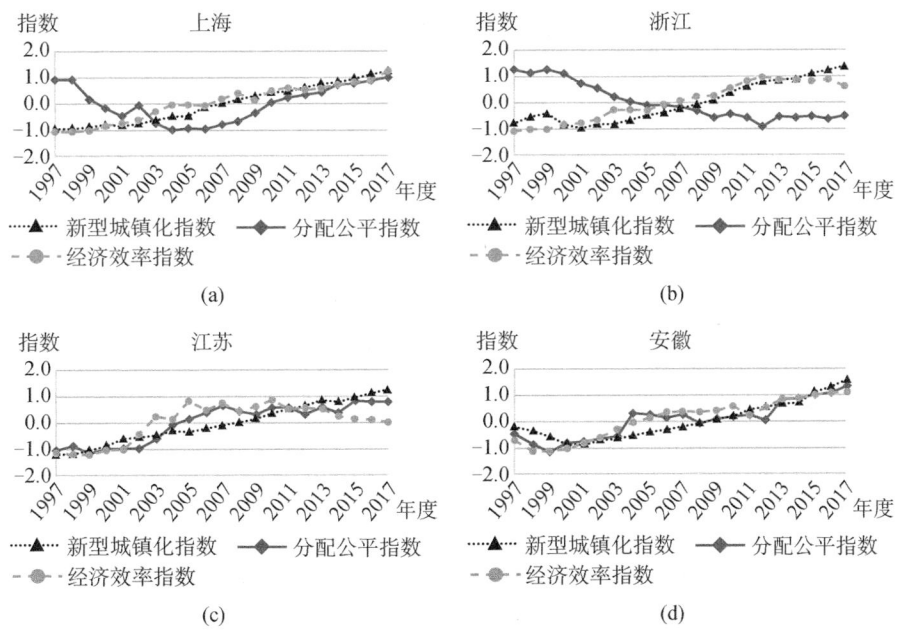

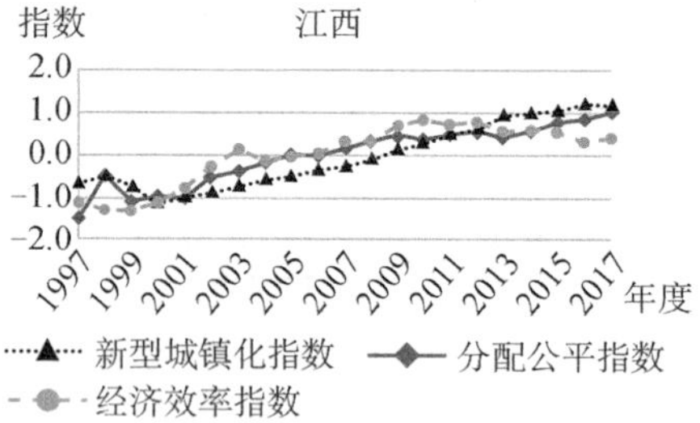

指数　　　　　江西

指数　　　　　湖南

······▲ 新型城镇化指数　　　◆ 分配公平指数

- ●- 经济效率指数

(e)

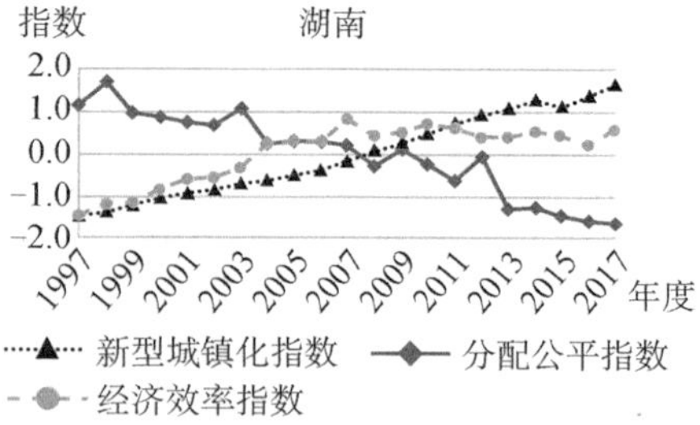

······▲ 新型城镇化指数　　　◆ 分配公平指数

- ●- 经济效率指数

(f)

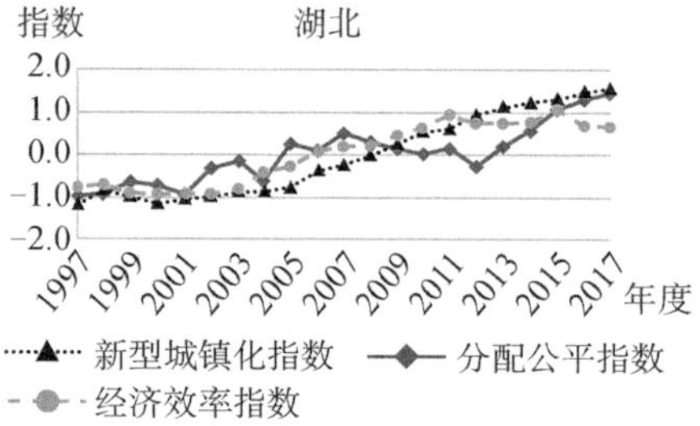

指数　　　　　湖北

指数　　　　　贵州

······▲ 新型城镇化指数　　　◆ 分配公平指数

- ●- 经济效率指数

(g)

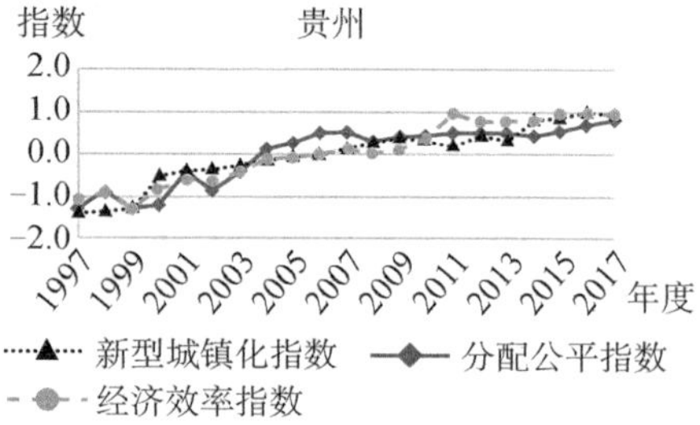

······▲ 新型城镇化指数　　　◆ 分配公平指数

- ●- 经济效率指数

(h)

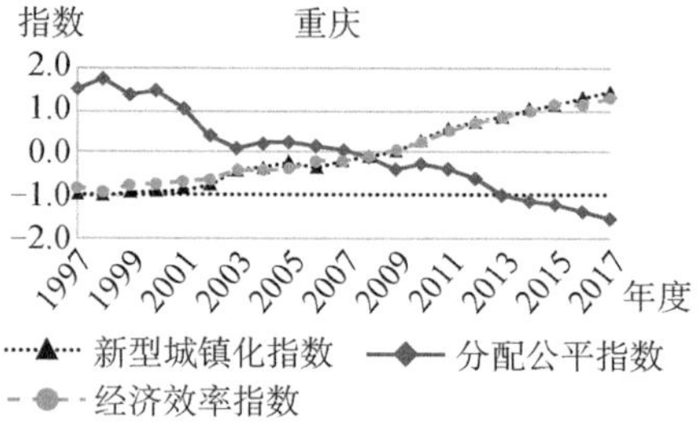

指数　　　　　重庆

指数　　　　　四川

······▲ 新型城镇化指数　　　◆ 分配公平指数

- ●- 经济效率指数

(i)

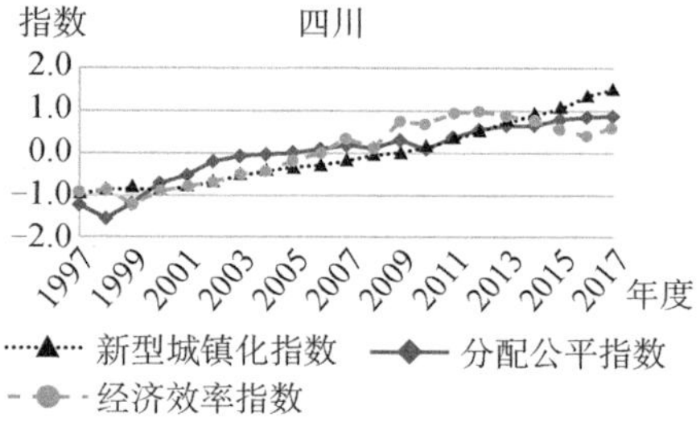

······▲ 新型城镇化指数　　　◆ 分配公平指数

- ●- 经济效率指数

(j)

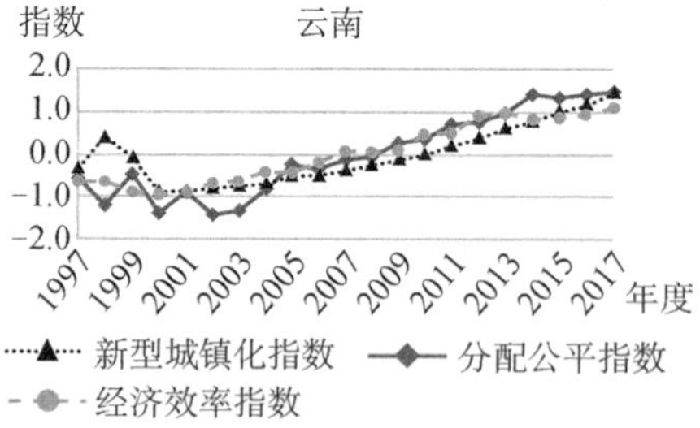

指数　　　　　云南

······▲ 新型城镇化指数　　　◆ 分配公平指数

- ●- 经济效率指数

(k)

图 3-2　1997—2017 年长江经济带 11 个省市新型城镇化指数、分配公平指数与经济效率指数趋势图

从表 3-8 和图 3-1 可以看出,1997—2017 年中国新型城镇化指数 $F(U_t)$、分配公平指数 $F(J_t)$、经济效率指数 $F(E_t)$ 总体水平都表现为逐渐增长的趋势。这说明自 20 世纪末以来,随着改革开放的不断深入,中国新型城镇化的步伐在加快,在分配公平程度、经济增长与资源配置效率方面均有了较大的改善。从增长趋势来看,1997—2017 年新型城镇化指数以年均 12% 的速度呈直线型增长,除了 2016 年有一个小小的下降波动,其余年份指数均呈现平稳增长,这与中国近些年全面推进城镇化密不可分。相比之下,分配公平指数、经济效率指数则呈现较大波动趋势的曲折式上升。分配公平指数以 2008 年为分界点先降后升,1997—2008 年,指数以较为平缓的速度下降;而 2008 年之后的十年间,分配公平指数则以年均 27.7% 的速度快速增长。经济效率指数则正好呈现相反的变化趋势,1997—2007 年,经济效率指数以较快的速度增长,其中,2003 年以前其变化趋势与城镇化指数趋于一致,2003—2007 年则以年均 33.3% 的速度迅猛增长;2008—2017 年,经济效率指数则一直围绕 0.45 呈上下波动。从图 3-1 中可以看到,2003—2009 年,分配公平指数曲线呈“V”字型,而经济效率指数曲线则近似呈一个倒“V”型;2014—2017 年,新型城镇化指数曲线与经济效率指数曲线则呈现出一致的变化趋势。从中国总体的三个子系统指数分析可以发现,1997—2008 年,新型城镇化进程与经济效率发展趋势较为协调,而分配公平则往反方向发展,表现得较不协调;2008—2017 年,分配公平指数由降转升,三者发展方向较为一致,表现得较为协调。

根据图 3-2(a)～(k),1997—2017 年,长江经济带 11 个省市新型城镇化指数与中国总体该指数的发展趋势一致,都呈平稳的近似线性增长。从分配公平指数的发展趋势看,浙江、湖南和重庆呈下降走势,上海、江苏、安徽、江西、湖北、贵州、四川和云南等均呈波动式上升态势;从经济效率指数看,所有地区均呈小幅波动上升的态势。因此,分析新型城镇化指数、分配公平指数和经济效率指数的协调发展状况,大致可以将 11 个省市划分为三大类,其中,上海和云南归为一类,其新型城镇化进程与经济效率表现得较为协调,而分配公平指数则先降后升,与另外两者表现得不太协调;浙江、湖南和重庆归为一类,它们的新型城镇化进程与经济效率发展趋势较为一致,表现得较为协调,而分配公平发展趋势却与另两者表现得不太协调,三者指数曲线呈"X"型;江苏、安徽、江西、湖北、贵州和四川归为一类,它们的三个指数发展趋势较为一致,城镇化进程、分配公平与经济效率表现得较为协调。

再来比较两个直辖市——上海与重庆,由图 3-2(a)和图 3-2(i)可知,1997—2017 年,上海、重庆新型城镇化指数和经济效率指数总体水平都呈上升趋势,且变化趋势较为一致。这说明自 1997 年以来,随着改革开放的不断深入和城镇化进程的持续推进,沪渝两地在经济增长、资源配置效率方面与城镇化进程保持较为一致的步调。但从新型城镇化指数和经济效率指数的波动趋势来看,上海经济效率指数波动幅度大于新型城镇化指数,而重庆的新型城镇化指数与经济效率指数几乎重合。可能的原因是上海位于东部沿海地区,对外开放程度和外贸依存度远远高于重庆,受到国际经济的影响和冲击较大,如 2008 年全球金融危机,导致经济效率指数也随着外部经济环境的变化而波动。1997—2017 年,重庆外贸依存度指标均值仅为 16%,而上海该指标均值高达 123%,是重庆的 7.7 倍。重庆位于中国的西部地区,与外部的经济贸易往来相对较少,因而经济效率指数发展相对平稳且稳中有升。但是,比较分配公平指数,两地却呈现完全不同的发展态势。上海的新型城镇化指数表现出先降后升的趋势,呈一个大"V"型,其中,2004 年为拐点,达到最低值。从具体指标看,一个重要的原因是2004 年上海基尼系数达到 1997 年至 2017 年间的最高值 0.31;同年,上海又率先将"居住证"政策扩大到全部流动人口,这一政策在促进城镇化的同时也缓解了收入差距的进一步扩大。1997—2017 年,重庆分配公平指数一直呈线性下降趋势,一个重要的原因是随着新型城镇化指数的增长,重庆的基尼系数逐渐增大,分配公平度指标(1-基尼系数)持续下降,从而使得分配公平指数持续下降。

第四章　新型城镇化、分配公平与经济效率的相互作用机制研究

作用机制是指为实现某一特定功能,一定的系统结构中各要素的内在工作方式以及诸要素在一定环境条件下相互联系、相互作用的运行规则和原理。本书首先从马克思主义哲学和福利经济学入手,定性分析城镇化、分配公平与经济效率两两系统、三系统之间的相互作用机制;然后通过建立 VAR 模型,对中国总体以及长江经济带 11 个省市新型城镇化、分配公平与经济效率两两系统、三系统之间的相互作用机制进行定量的实证检验;最后,对定性分析和定量研究结果进行比较,为政府部门制定科学合理的政策提供信息支持和决策依据。

第一节　新型城镇化、分配公平与经济效率的作用机制定性分析

一、分配公平与经济效率作用机制分析

(一) 分配公平与经济效率的辩证关系

公平与效率是经济学研究的永恒主题之一。从马克思主义哲学的角度来看,分配公平与经济效率既是辩证统一,又是相互矛盾的。分配公平与经济效率的辩证统一主要表现在:一方面,分配公平促进经济效率,一个公正的社会,资源一定能得到合理的配置,人的积极性、创

造性能得到最大限度地发挥。收入分配公平有助于安定团结生产环境的形成,有助于社会成员劳动积极性的调动,从而促进经济效率的提高。另一方面,经济效率的提高有助于分配公平的实现,一个有效率的社会,其资源配置、管理体制、运作机制应该合理、公正。经济效率是分配公平的基础。只有经济效率达到一定程度,形成剩余产品时,分配公平问题才产生。倘若经济效率低下,根本没有剩余产品,就不可能存在分配公平与否的问题。因此,本书所说的分配公平,是在经济范畴下随着经济效率的提高而出现的客观合理的收入分配方式。

分配公平与经济效率的相互矛盾主要表现在:追求分配公平,经济效率就会打折扣;追求经济效率,分配公平便有失公允。正如阿瑟·奥肯所说:"任何一桩买卖都建立在充分的抉择之上:购买效率的代价是收入和财富以及由此决定的社会地位和权力的不平等。这些不平等起源于财产(包括基本生产手段)私有制以及由市场决定的工资和薪金。"分配公平与经济效率的对立性主要表现在两者此消彼长、此长彼消的相互制约性。适度的收入分配差距能够提高经济效率,但经济效率的提高也一定程度地损失公平。在我国当前的政策环境下,资本投入可以参与分配,但由于资本收益的不劳而获性质,分配不公现象凸显。同时,为了促进分配公平、保持社会稳定,必然会造成一定程度上经济效率的损失。哈里·约翰逊指出,经济效率和社会公正之间存在冲突。该冲突的程度或重要性依经济发展的状况而不同。国家越发达,其公民越希望收入分配公平,必要的话可以接受较高的税收以纠正它……收入水平越高,再分配政策引起的增长率下降问题就越小。发达国家有能力为社会公平牺牲一定的经济增长。但是对于处于经济发展较低水平的国家来说,公平的代价却是巨大的。

(二)经济增长与分配公平的关系——库兹涅茨倒"U"型理论

对经济增长与收入分配公平关系的研究,最著名的理论为库兹涅茨的倒"U"型理论。以库兹涅茨为代表研究收入差距与经济增长关系的学者们,实际上是把收入差距看作分配公平程度的反映,把经济增长看作经济效率程度的反映,本质上来看两者的关系就是分配公平与经济效率的关系。美国著名经济学家西蒙·库兹涅茨认为在经济发展初期,经济增长伴随着收入分配差距的扩大,但随着经济的增长,收入分配差距会随之缩小。收入分配和经济增长的发展关系呈倒"U"型曲线。

(三) 分配的公平调节理论

在西方学者看来,若只按照生产要素投入产出的效率进行分配,必然造成收入分配的不公平,这主要由市场缺陷造成。例如,由于作为资本的生产要素所获得的收入会因为财产的积累而增加,并造成富者愈富、穷者愈穷,因此,在 20 世纪六七十年代又出现了一系列分配的公平调节理论。有代表性的理论主要有人力资本理论、委托代理理论、"职工持股计划"和分享经济理论,这些理论体现了分配公平的理念。

舒尔茨(1960)认为人力资本投资应当和物质资本一样,在补偿其实际消耗后,继续享有企业剩余索取权,以体现投资回报的公平性、合理性。在现代市场经济条件下,企业的人力资本保证了企业物质资本的保值、增值,因此,人力资本应与物质资本一起来分享剩余权益的分配。詹森和麦克林(1976)等人的委托代理理论进一步阐明了经理人应参与剩余权益的分配问题,深化了调节人力资本所有者与物质资本所有者之间公平分配的理论。该理论试图通过建立制度来调节人力资本所有者与物质资本所有者之间的收入分配差距。20 世纪 70 年代凯尔索的"职工持股计划"提出通过职工持股所获得的股息来增加他们的工资,从而调节社会财富分配,缓解资本主义社会贫富悬殊的矛盾。威茨曼(1984)的分享经济理论提出通过改变资本主义分配制度,即通过工资与企业经济效益挂钩的办法来缓和资本主义矛盾,调节工人和雇主之间的收入差距,实现公平分配。

上述四种理论都追求分配公平,其目的却是提高效率。因为它们都从改善企业分配关系入手,以调节资本所有者与劳动者阶层、雇主与工人之间的收入差距,达到公平、合理分配,从而激励经营者和生产者的生产积极性,最终提升效率,而这些公平性的分配也是完善的市场体制本身的行为。可以说,追求分配公平是形成这些理论的基本出发点,提高效率、实现企业利润最大化是这些理论的最终目的。

因此,在新型城镇化进程中,我们需要处理好分配公平与经济效率的关系。当把经济效率作为优先考虑的价值目标时,不能放弃分配公平,更不能牺牲公平只顾效率;当把分配公平作为优先考虑的价值目标时,同样不能忽视经济效率。我们应该寻求两者的最佳契合点,既实现经济效率又促进分配公平。

二、新型城镇化与分配公平作用机制分析

一些学者从人力资源的角度出发,认为城镇化能够促进人际交流,使"人力资本的外部效应"充分发挥,从而缩小中国城乡收入差距。另一些学者从二元经济视角,把城乡二元结构视为影响城乡差别的重要因素,认为这种城乡二元分割的体制大大限制了中国城乡间和地区间的劳动力流动,一方面不利于"人力资本的外部效应"的充分发挥,另一方面由于中国的城乡收入统计是以户籍为基础的,城镇化进程中较富裕的农村居民转为城镇居民加大了统计的城乡收入差距。

随着城镇化进程的推进,更多的农村人口转变成城镇人口,迁移城镇化人口和就地城镇化人口的收入水平得到提高,受教育情况得到改善,生活方式发生改变。从某种程度来看,这促进了分配公平程度的提高,在起点公平、过程公平和结果公平等方面都有所改善。同时,随着分配公平程度的提高,城乡收入差距缩小,城镇对农村人口的吸引力大大减弱,从某种程度上来说,这阻碍了农村人口向城镇的迁移,拖慢了城镇化的进程。

三、新型城镇化与经济效率作用机制分析

人类要满足生存需要,必然要通过生产活动取得生存资料。经济基础决定上层建筑,经济效率的提高不仅为人类生存提供基本物质基础,而且对社会的上层建筑产生根本影响。在城镇化进程中,不仅有大量的农村人口向城镇迁移,还有大量的农村人口在本地转变为城镇人口。在这个过程中,迁移到城镇的农村人口为了适应城镇生活,逐渐地改变自己的生活方式和消费习惯,逐步地完成人的城镇化。还有一部分在农村生活的人口,由于土地先实现了城镇化,他们的房屋和耕地被政府征用,他们就被动失业,但是相应地也会得到一些补偿,政府可能会给他们安排一些就业岗位,他们自身也通过各种途径在城镇找到工作,这就逐步完成了就业形式的转变,他们也被动地从农村人口转变成城镇人口。这些迁移和转变的过程,带来生活方式的改变和消费的增长,势必带来经济规模的增长,资源配置效率也得到提高。

城镇化同时带动了工业化的进一步深化。工业部门的劳动生产率和增长率要远高于农业部门,因此农业资源自然就集聚到工业部门,从而引起经济结构的加速转变,经济效率和资源配置效率就得以优化。另外,由于中国各种资源快速向城市集中,城镇化水平的提高直接提升了第三产业对经济增长的贡献度和产业的效率,通过城镇的"规模经济"推动城镇的快速膨胀并拉动经济增长。

在城镇化进程中,有研究借助城镇规模分布这个变量,表明首位城镇生产集中度与资源配置效率之间存在显著的倒"U"型关系,即城镇规模过于集中或过于分散分布均不利于资源配置效率的提高;在不同时间段,最优首位城镇生产集中度存在显著差异,且呈现逐步下降的趋势。据此,中国城镇化问题的实质是如何构建充分发挥规模经济效应和资源配置效率的城镇规模体系。城镇化的集聚效应对工业和服务业竞争力产生正向效应,工资成本对工业和服务业竞争

力产生负向效应,住房成本对服务竞争力产生负向效应。为了保持中国经济的可持续增长,我们应减少城镇化成本的过快上升,转变城镇化模式,以促进工业化和城镇化的协调发展,使经济效率达到最优。经济效率的提高,可以使得城镇具有更强的吸引力,从而吸纳更多的农村人口向城市迁移;同时,经济效率和资源配置效率的提高,使得更多的国家财政资源配置到农村地区,一部分农村地区就地实现城镇化。

第二节　中国新型城镇化、分配公平与经济效率的作用机制实证研究

在对新型城镇化、分配公平与经济效率两两作用机制进行定性分析的基础上,下面利用新型城镇化指数、分配公平指数与经济效率指数,以中国总体数据为例,通过建立 VAR 模型,分析脉冲响应、方差分解和格兰杰因果检验,对城镇化、分配公平与经济效率三者之间的相互作用机制进行实证检验。

（一）平稳性和协整关系检验

1. 平稳性检验

本书利用中国总体新型城镇化指数 $F(U)_t$、分配公平指数 $F(J)_t$ 与经济效率指数 $F(E)_t$ 数据,采用 ADF（Augmented Dickey-Fuller）方法,对上述三个变量进行平稳性检验。检验结果表明,在 5％的显著性水平下,新型城镇化指数序列、分配公平指数序列和经济效率指数序列均是非平稳序列;对城市化指数、分配公平指数、经济效率指数进行差分变换,三者均为一阶差分平稳序列,分别可以记作 $F(U)_t \sim I(1)$，$F(J)_t \sim I(1)$，$F(E)_t \sim I(1)$。 检验结果见表 4-1。

表4-1　变量平稳性检验结果

检验变量	检验类型	ADF检验值	1%显著性水平临界值	5%显著性水平临界值	10%显著性水平临界值	结论
$\Delta F(U)_t$	$(c, 0, k)$	-5.33	-3.83^{***}	-3.03^{**}	-2.66^{*}	平稳
$\Delta F(J)_t$	$(c, 0, k)$	-3.32	-3.83	-3.03^{**}	-2.66^{*}	平稳
$\Delta F(E)_t$	$(c, 0, k)$	-4.04	-3.83^{***}	-3.03^{**}	-2.66^{*}	平稳

注：*、**、*** 分别表示在10%、5%、1%的该显著性水平上拒绝单位根假设；△表示一阶差分，检验类型中的 c 表示带有常数项，t 表示带有趋势项，k 表示采用的滞后阶数，根据AIC、SC最优信息准则确定。当ADF检验值的绝对值超过临界值的绝对值时，则拒绝原假设，表示时间序列是平稳的。

由平稳性检验可知，$F(U)_t$、$F(J)_t$ 与 $F(E)_t$ 均为一阶单整。

2. 协整关系检验

下面对 $F(U)_t$、$F(J)_t$ 与 $F(E)_t$ 三个变量进行协整关系检验。利用最小二乘法（OLS）估计三个变量长期均衡方程，得到的回归方程模型为：

$$F(U)_t = 0.64F(J)_t + 0.76F(E)_t + e_{1t} \qquad (4-1)$$

$$F(J)_t = 1.32F(U)_t - 0.98F(E)_t + e_{2t} \qquad (4-2)$$

$$F(E)_t = 1.18F(U)_t - 0.74(J)_t + e_{3t} \qquad (4-3)$$

对方程残差 e_t 进行平稳性检验，检验结果见表4-2。

表4-2　方程残差的平稳性检验结果

检验变量	检验类型	ADF检验值	1%显著性水平临界值	5%显著性水平临界值	10%显著性水平临界值	结论
e_{1t}	$(0, 0, k)$	-3.80	-2.69^{***}	-1.96^{**}	-1.61^{*}	平稳
e_{2t}	$(0, 0, k)$	-3.58	-2.69^{***}	-1.96^{**}	-1.61^{*}	平稳
e_{3t}	$(c, 0, k)$	-3.96	-3.83^{***}	-3.03^{**}	-2.66^{*}	平稳

从表4-2显示的检验结果来看，残差估计值 e_{it} 均通过1%显著性水平下的平稳性检验，残差序列 e_{it} 均为平稳性序列，所以 $F(U)_t$、$F(J)_t$ 与 $F(E)_t$ 三个变量存在协整关系。这说明新型城镇化指数、分

配公平指数与经济效率指数存在长期稳定的关系。

(二) 建立 VAR 模型

VAR 模型通常用于相关时间序列系统的预测和随机扰动对变量系统的动态冲击,从而解释各种经济冲击对经济变量形成的影响。通过上述检验可知,新型城镇化指数、分配公平指数与经济效率指数三者存在协整关系。由此,对于三个变量,假设 $\{F(U)_t\}$ 受到现在和过去 $\{F(J)_t\}$、$\{F(E)_t\}$ 的影响,$\{F(E)_t\}$ 受到现在和过去 $\{F(U)_t\}$、$\{F(J)_t\}$ 的影响,$\{F(J)_t\}$ 受到现在和过去 $\{F(U)_t\}$、$\{F(E)_t\}$ 的影响,可构建 VAR 模型如下:

$$F(U)_t = a_{11}F(U)_{t-1} + \cdots + a_{1p}F(U)_{t-p} + b_{11}F(J)_t + \cdots +$$
$$b_{1q}F(J)_{t-q} + c_{11}F(E)_t + \cdots + c_{1r}F(E)_{t-r} + \mu_{1t} \tag{4-4}$$

$$F(J)_t = a_{21}F(J)_{t-1} + \cdots + a_{2p}F(J)_{t-p} + b_{21}F(U)_t + \cdots +$$
$$b_{2q}F(J)_{t-q} + c_{21}F(E)_t + \cdots + c_{2r}F(E)_{t-r} + \mu_{2t} \tag{4-5}$$

$$F(E)_t = a_{31}F(E)_{t-1} + \cdots + a_{3p}F(E)_{t-p} + b_{31}F(J)_t + \cdots +$$
$$b_{3q}F(J)_{t-q} + c_{31}F(U)_t + \cdots + c_{3r}F(E)_{t-r} + \mu_{3t} \tag{4-6}$$

VAR 模型滞后阶数的确定,综合考虑自由度、VAR 平稳性、不存在自相关、AIC 最小等情况,得到的 VAR 模型回归结果见表 4-3。

表 4-3　新型城镇化、分配公平与经济效率指数的 VAR 模型回归结果

因变量	$F(U)_{t-1}$	$F(J)_{t-1}$	$F(E)_{t-1}$	$Adj.R^2$
$F(U)_t$	0.848	0.083	0.125	0.970
$F(J)_t$	0.512	0.753	−0.302	0.894
$F(E)_t$	0.372	−0.304	0.563	0.805

根据表 4-3 分析,该 VAR 模型各方程 $Adj.R^2$ 均大于 0.8,说明拟合效果较好。上述模型总体通过 F 统计量检验,通过检验模型全部特征根的倒数值基本在单位圆内,表明该 VAR 模型是稳定的。若要对

建立的 VAR 模型进行分析,解释单个参数估计值的意义是很困难的,此时可以通过观察系统的脉冲响应函数和方差分解来得出结论。

(三) 脉冲响应函数分析

在 VAR 模型中,分析一个误差项发生变化或者一个变量受到某种冲击时对系统的动态影响的方法称为脉冲响应函数(Impulse response function,IRF)方法。脉冲响应函数描述了内生变量对误差变化大小的反应,即用于衡量来自随机扰动项的一个标准差大小的冲击对内生变量当期值和未来值的影响。由式(4-4)、式(4-5)和式(4-6)构成的 VAR 模型可知,如果 μ_{1t} 发生变化,不仅当前的 $F(U)$ 值立即改变,而且还会通过当前的 $F(U)$ 值影响到变量 $F(U)$、$F(J)$ 和 $F(E)$ 未来的取值。脉冲响应函数试图描述这些影响的轨迹,显示任意一个变量的扰动如何通过模型影响所有其他变量,最终又反馈到自身的过程。本书对建立的关于 $F(U)$、$F(J)$ 和 $F(E)$ 三个指数的 VAR 模型,分别给各个指数一个正的单位大小的冲击,得到 $F(U)$、$F(J)$ 的脉冲响应函数图(图 4-1、图 4-2 和图 4-3)。

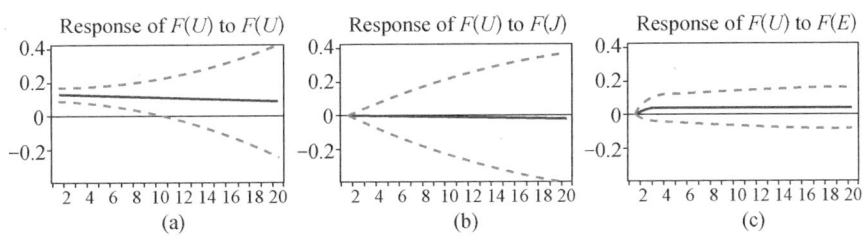

图 4-1 各变量冲击引起新型城镇化的响应函数

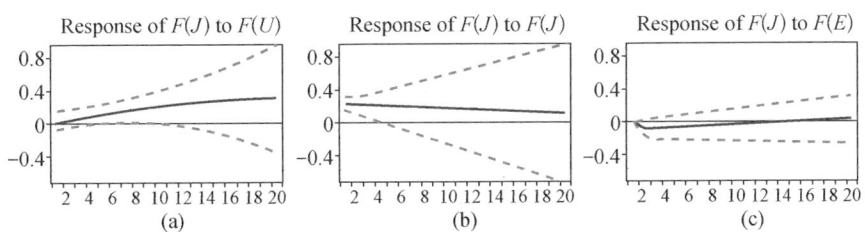

图 4-2 各变量冲击引起分配公平的响应函数

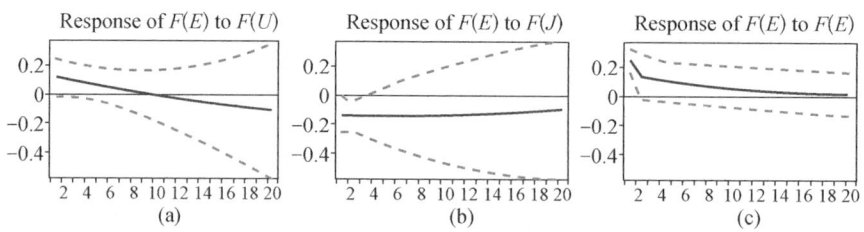

图 4-3　各变量冲击引起经济效率的响应函数

从图 4-1(b)、(c)中也可以看出,分配公平指数受到正冲击后,新型城镇化指数在第 1 期没有反映,第 2 期开始有微弱的正向反映,这种冲击从第 5 期开始由正转负,之后便一直持续逐步递增的微弱负向影响,从第 2 期到第 20 期,平均冲击值仅为 0.008 4。这表明分配公平指数的某一冲击在短期内给新型城镇化指数带来较为微弱的正向影响,但是这种冲击从长期看带来的是微弱的负向影响。经济效率指数受到正冲击后,新型城镇化指数在第 1 期同样没有反映,从第 2 期开始有轻微的正向反映,冲击值为 0.03,且之后这种影响一直保持在稳定的正向水平,从第 2 期到第 20 期,冲击值均在 0.03 至 0.04 之间。20 世纪末以来,中国经历了经济体制的转型,随着中国加入世界贸易组织(WTO)和改革开放的深入,经济效率有了明显提升。同时,大量农村劳动力向城镇转移,从而促进了城镇化进程的加快。

从图 4-2(a)中可以看出,当在本期给新型城镇化指数一个正标准差新息冲击后,分配公平指数从第 1 期就有较为显著的正向反映,且在之后逐期递增。这种正向反映随着时期数的推移呈现线性趋势,平均冲击值为 0.186,表明新型城镇化指数受到外部条件的某一冲击后,给分配公平指数带来较显著的持续正向影响。从图 4-2(c)中可以看出,当在本期给经济效率指数一个正标准差新息冲击后,分配公平指数在第 1 期没有反映,从第 2 期开始出现微弱的负向反映,至第 3 期负向影响达到最大,之后负向影响逐期减小,直至第 15 期,这种影响由负转正,尽管正向影响比较微弱,从第 15 期至第 20 期,平均冲击值为

0.021,但呈现逐期递增的趋势。这表明经济效率指数受到外部条件的某一冲击后,在短期内会给分配公平指数带来负向的冲击,但从长期来看会带来幅度较小的正向冲击,不过这一冲击总体来看非常弱小。

从图 4-3(a)、(b)中可以看出,当在本期给城镇化指数一个正标准差新息冲击后,经济效率指数从第 1 期开始就有较为强烈的正向反映(0.114),之后各期影响以较快的速度逐渐减少,直到第 10 期,这种反映由正转负,且以相同的速度增长,至第 20 期负向冲击达到 0.111。这表明新型城镇化指数受到的正冲击短期会给经济效率指数带来正面的影响,但从长期看将是持续的负向影响。这也表明,中国持续加快的城镇化对经济效率的影响存在拐点。当在本期给分配公平指数一个正标准差新息冲击后,经济效率指数在各期具有较为显著的负向反映,在第 3 期这种影响达到最强,冲击值为 0.147,之后各期影响缓慢减弱,直到第 20 期该反映减弱到 0.096。这表明分配公平指数的某一冲击给经济效率带来较为显著的负向影响。

综上所述,分配公平指数受到某一正向冲击会给新型城镇化指数带来非常微弱的负向影响,给经济效率指数带来显著的负向影响;经济效率指数受到某一正向冲击会给分配公平指数带来微弱的短期负向影响和长期正向影响,却给新型城镇化指数带来持续稳定的较为显著的正向作用;新型城镇化指数受到某一正向冲击会给分配公平指数带来持续增长的正向影响,对经济效率指数的影响则存在拐点,从短期看带来逐渐减弱的正向作用,从长期看则是逐渐增强的负向作用。这一实证结果正好与前述定性分析结果一致。

(四) 方差分析

脉冲响应函数描述的是 VAR 模型中的一个内生变量的冲击给其他内生变量所带来的影响。而方差分析是通过分析内生变量的冲击对内生变量变化(通常用方差来度量)的贡献度,评价不同内生变量冲击的重要性。因此,方差分析可给出对每一个 VAR 模型中的变量产生影响的每个随机项的相对重要性的信息。

下面对建立的 VAR 模型进行方差分解,得到的分解结果见表 4-4、表 4-5、表 4-6 和图 4-4、图 4-5、图 4-6。

表 4-4　新型城镇化指数 $F(U)$ 方差分解结果

时期	S.E.	$F(U)$	$F(J)$	$F(E)$
1	0.131 501	100.000 0	0.000 000	0.000 000
2	0.186 517	97.200 03	0.015 446	2.784 525
3	0.228 616	95.418 44	0.014 934	4.566 628
4	0.263 496	94.338 91	0.011 314	5.649 778
5	0.293 591	93.613 07	0.010 742	6.376 183
6	0.320 197	93.073 03	0.015 456	6.911 516
7	0.344 091	92.638 51	0.026 231	7.335 263
8	0.365 780	92.268 29	0.043 279	7.688 430
9	0.385 617	91.939 51	0.066 575	7.993 914
10	0.403 860	91.638 61	0.095 981	8.265 411
11	0.420 704	91.357 10	0.131 307	8.511 591
12	0.436 301	91.089 47	0.172 336	8.738 197
13	0.450 776	90.831 98	0.218 838	8.949 180
14	0.464 229	90.582 08	0.270 578	9.147 339
15	0.476 746	90.337 97	0.327 320	9.334 708
16	0.488 399	90.098 37	0.388 829	9.512 797
17	0.499 252	89.862 39	0.454 869	9.682 745
18	0.509 359	89.629 37	0.525 208	9.845 424
19	0.518 770	89.398 88	0.599 615	10.001 51
20	0.527 530	89.170 61	0.677 862	10.151 53

表 4-5　分配公平指数 $F(J)$ 方差分解结果

时期	S.E.	$F(U)$	$F(J)$	$F(E)$
1	0.233 810	1.974 474	98.025 53	0.000 000
2	0.331 654	3.995 918	90.850 78	5.153 300
3	0.407 528	6.310 021	86.116 05	7.573 929
4	0.471 275	8.946 870	82.680 58	8.372 546
5	0.527 667	11.875 71	79.711 99	8.412 302
6	0.579 360	15.041 96	76.869 47	8.088 567
7	0.627 954	18.383 26	74.026 39	7.590 347
8	0.674 474	21.836 94	71.146 11	7.016 943
9	0.719 603	25.344 11	68.231 14	6.424 750
10	0.763 806	28.852 10	65.300 63	5.847 267
11	0.807 396	32.315 75	62.379 69	5.304 556
12	0.850 587	35.697 90	59.493 90	4.808 206
13	0.893 513	38.969 24	56.666 53	4.364 230
14	0.936 258	42.107 81	53.917 30	3.974 887
15	0.978 862	45.098 16	51.261 93	3.639 907
16	1.021 338	47.930 49	48.712 16	3.357 350
17	1.063 674	50.599 64	46.276 14	3.124 220
18	1.105 845	53.104 26	43.958 83	2.936 906
19	1.147 815	55.445 94	41.762 57	2.791 492
20	1.189 539	57.628 52	39.687 50	2.683 981

表 4-6　经济效率指数 $F(E)$ 方差分解结果

时期	S.E.	$F(U)$	$F(J)$	$F(E)$
1	0.306 082	13.921 42	19.664 89	66.413 70
2	0.381 560	16.277 44	27.449 33	56.273 23
3	0.433 527	16.769 35	32.788 58	50.442 07

（续表）

时期	S.E.	F(U)	F(J)	F(E)
4	0.474 419	16.384 46	36.767 18	46.848 35
5	0.508 106	15.599 04	39.972 77	44.428 19
6	0.536 571	14.652 48	42.692 51	42.655 01
7	0.561 091	13.679 31	45.067 29	41.253 40
8	0.582 584	12.764 44	47.166 87	40.068 68
9	0.601 745	11.966 75	49.024 87	39.008 39
10	0.619 125	11.329 43	50.655 90	38.014 67
11	0.635 166	10.884 82	52.064 66	37.050 52
12	0.650 230	10.656 57	53.251 07	36.092 37
13	0.664 615	10.660 65	54.213 51	35.125 84
14	0.678 570	10.905 93	54.950 90	34.143 17
15	0.692 297	11.394 55	55.463 99	33.141 46
16	0.705 964	12.122 35	55.756 18	32.121 47
17	0.719 704	13.079 44	55.833 96	31.086 60
18	0.733 623	14.250 94	55.706 91	30.042 15
19	0.747 802	15.617 81	55.387 58	28.994 61
20	0.762 298	17.157 88	54.891 01	27.951 11

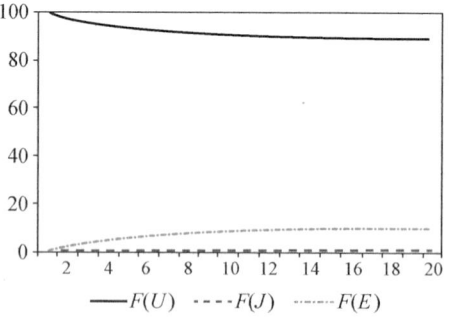

图4-4　新型城镇化指数 $F(U)$ 方差分解结果合成图

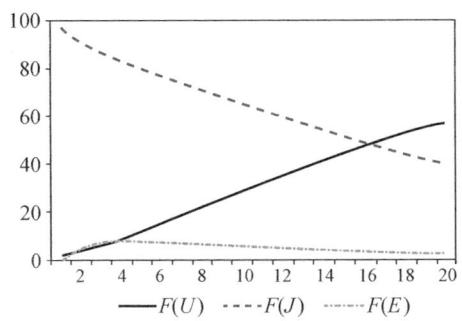

图 4-5 分配公平指数 $F(J)$ 方差分解结果合成图

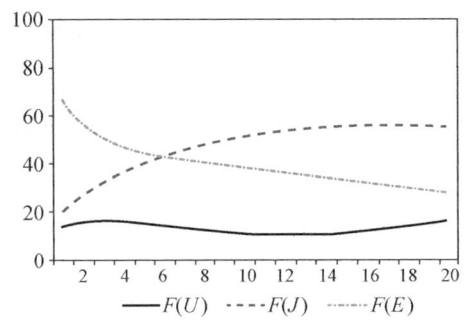

图 4-6 经济效率指数 $F(E)$ 方差分解结果合成图

根据表 4-4 和图 4-4,新型城镇化指数受本身新息的影响呈持续缓慢递减,从第 1 期占新型城镇化指数预测误差的 100％降到第 20 期的 89.17％。新型城镇化指数受分配公平指数新息的影响呈非常缓慢的增长,从第 2 期(第 1 期为 0)占新型城镇化指数预测误差的 0.015％上升到第 20 期的 0.678％,19 期累计才达到 4.07％。新型城镇化指数受经济效率指数新息的影响也呈持续缓慢增长,从第 2 期(第 1 期为 0)占新型城镇化指数预测误差的 2.78％到第 20 期的 10.15％。因此,新型城镇化指数主要受本身新息的影响,经济效率指数对新型城镇化指数的贡献率大于分配公平指数。

根据表 4-5 和图 4-5,分配公平指数受本身新息的影响呈快速递减,从第 1 期占分配公平指数预测误差的 98.03％降到第 20 期的 39.69％。分配公平指数受经济效率指数新息的影响从第 2 期开始呈先升后降趋势,第 5 期达到峰值(8.41％),之后便缓慢逐期下降,直至第 20 期的 2.68％。分配公平指数受新型城镇化指数新息的影响从第 1 期的 1.97％快速上升到第 20 期的 57.63％,在第 16 期至第 17 期之间该影响值与分配公平指数受本身新息的影响相等。因此,新型城镇化指数对分配公平指数的贡献远大于经济效率指数。

根据表 4-6 和图 4-6,经济效率指数受本身新息的影响呈逐期下降,从第 1 期的 66.41％降到第 20 期的 27.95％,且下降速度越来越慢。经济效率指数受新型城镇化指数新息的影响呈现较为平稳的波动趋势,其波动区间为 10.66％(第 12 期)到 17.16％(第 20 期),平均影响值为 13.5％。而经济效率指数受分配公平指数新息的影响以较快速度增长,增长速度逐期减小,且从第 15 期开始,该影响就趋于稳定,停留在 55％左右。因此,经济效率指数受分配公平指数新息的影响最大。

综上,通过对各指数进行方差分解可得,从长期看,三个指数相互之间形成链条式的影响,经济效率指数主要受分配公平指数冲击的影响,分配公平指数则主要受新型城镇化指数冲击的影响,而新型城镇化指数则主要受自身的影响。经济效率指数冲击对各指数的贡献率最小;分配公平指数冲击对各指数的贡献率最大,对新型城镇化指数和经济效率指数的贡献率分别达到 67.78％和 55.83％。

第五章　新型城镇化进程中分配公平与经济效率协调性的民意调查及其影响因素分析

——基于中国 31 省份 8 685 个样本

在中国新型城镇化的进程中,分配公平、经济效率是否与城镇化有序协调发展,是全面建成小康社会的关键所在。本书根据新型城镇化、分配公平与经济效率的内涵,设计民意调查表,从居民满意度和感受度的视角出发,就城镇化进程中居民对生活现状、收入分配公平、经济效率和资源配置效率,以及新型城镇化进程、分配公平与经济效率三者协调性等方面进行调查,重点了解中国民众对三者协调性或两两协调性的感受,并采用偏比例优势模型(PPO)对居民感受度的影响因素进行挖掘。

第一节　调查背景与样本描述

为深入而全面地了解我国居民对城镇化进程、分配公平状况、经济效率情况的主观感受,以及三者协调性的判断和感受度等,2017 年 7～8 月,我们在全国 31 个省份开展了"新型城镇化进程中分配公平与经济效率的协调性"问卷调查(具体问卷见附件 1)。本次调查共发放问卷 12 000 份,回收有效问卷 9 068 份,回收率为 75.57%。对回收样本数据进行清洗,经过对缺失数据进行插补、对逻辑错误数据进行删除整理等,最终得到 8 685 个有效样本,分布在全国 31 个省份。经过整理后的数据满足抽样分布条件,具有一定的可靠性。

一、样本描述

从全国居民样本看,城镇居民与农村居民样本数比例为 7∶3(中国 2017 年城镇人口与农村人口之比为 5.9∶4.1);从东中西部区域划分看,东部、中部、西部样本占比分别为 66.47%、18.52%、15.01%(见表 5-1)。样本量根据各省份人口比重分配,尽管各地区问卷回收率有所不同,但最终样本量结构基本合理。其中,上海样本量占比 33%。考虑放大上海样本量,不仅因为上海是世界超大城市之一,是中国近现代城镇化进程的缩影和典型代表,在城镇化道路上首先面临着突破收入分配差距扩大、经济转型升级难度加大等瓶颈和挑战,而且还因为上海作为中国重要的经济中心城市,正着力强化全球资源配置、科技创新策源、高端产业引领、开放枢纽门户四大功能。因此,重点关注上海城镇化进程中分配公平与经济效率的协调性,对于上海建设社会主义现代化国际大都市具有重要意义,而且也对全国其他地区城镇化进程中分配公平与经济效率的协调发展起到示范引领作用。

表 5-1　按区域、城乡划分的居民样本数

区域	城镇		农村		合计	
	样本数	占比	样本数	占比	样本数	占比
东部	4 311	70.57%	1 462	56.75%	5 773	66.47%
中部	956	15.65%	652	25.31%	1 608	18.52%
西部	842	13.78%	462	17.94%	1 304	15.01%
合计	6 109	70.34%	2 576	29.66%	8 685	100%

图 5-1 报告了居民样本年龄和性别的分布情况。其中,男性、女性占比分别为 45% 和 55%,可见样本在性别上分配比较均匀。从年龄段看,18～30 岁最多,其次为 31～40 岁和 41～50 岁年龄段。18～50 岁样本数合计占比为 87%,年龄结构相对较为合理,因为这个年龄段正

是社会劳动力供给的主力军,他们的感受度和满意度比较具有代表性。

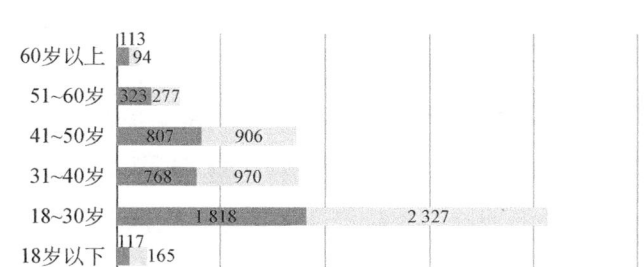

图 5-1　居民样本年龄与性别分布情况

二、新型城镇化、分配公平与经济效率的现状调查分析

在调查中,我们就新型城镇化进程中居民的生活现状,居民对城镇化、分配公平、经济效率相关内容的感受度及三者的协调性等进行了调查,将"户籍转变""城乡融合度"作为衡量城镇化进程的重要指标,将"城乡收入差距"用来反映分配结果公平程度,将"分配规则和标准公平程度""资源配置垄断"用来反映分配过程公平程度,将"政府资源配置效率""投入与收入相符度"和"能源浪费情况"三个指标用来衡量经济效率高低。图 5-2 显示了各地区居民对生活现状的满意度,对城乡融合度、过程公平(社会分配规则与标准公平度)以及资源配置效率评价的平均得分。

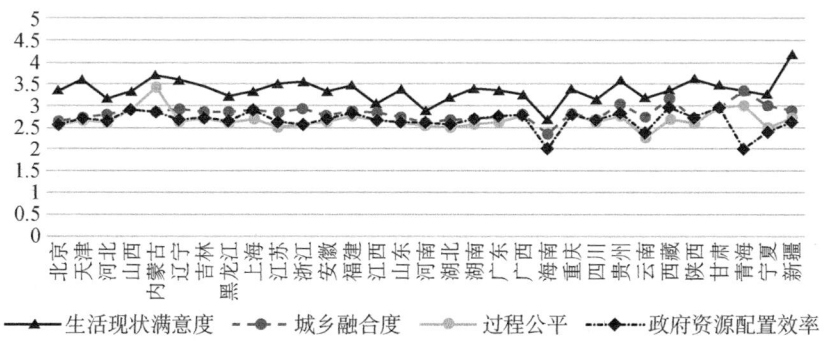

图 5-2　居民对生活现状的感受评价统计

从图5-2和表5-2可以看出,相比其他几个调查指标,生活现状满意度的得分较高,说明中国居民对生活现状还是比较满意的;而居民对"城乡融合度""过程公平"和"资源配置效率"等问题的打分较低,分别为2.84、2.66和2.74。但从地区分布差异看,剔除样本量小于20的7个省份(包括海南、天津、内蒙古、新疆、西藏、青海和宁夏)后,居民对这四项满意度打分的地区变化趋势还是较为一致的,云南、河南、湖北、四川和北京5个地区平均得分最低,吉林、福建、陕西、贵州和甘肃5个地区平均得分最高,得分最高的甘肃与得分最低的云南四项平均得分相差0.42。而长三角地区与珠三角地区(主要指的是广东)得分均居于中间位置,分别列第12位(安徽)、第13位(江苏)、第16位(浙江)、第19位(上海)和第14位(广东),如表5-2所示。

表5-2　珠三角地区与长三角地区居民的满意度比较

地区	生活现状满意度		城乡融合度		过程公平		资源配置效率	
全国	3.35	67.0%	2.84	56.8%	2.66	53.2%	2.74	54.8%
珠三角地区	3.35	67.0%	2.74	54.8%	2.63	52.6%	2.79	55.8%
长三角地区	3.37	67.4%	2.88	57.6%	2.66	53.2%	2.79	55.8%
上海	3.33	66.6%	2.89	57.8%	2.69	53.8%	2.85	57.0%
江苏	3.51	70.2%	2.84	56.8%	2.52	50.4%	2.63	52.6%
浙江	3.56	71.2%	2.92	58.4%	2.56	51.2%	2.54	50.8%
安徽	3.33	66.6%	2.79	55.8%	2.64	52.8%	2.68	53.6%

注:表格中的百分数表示评分值换算成百分数的满意度(5分为满分);由于京津冀地区样本量少,重点比较的是长三角与珠三角地区。

从表5-2可以看出,长三角地区居民对生活现状满意度、对城乡融合的认可度、对过程公平的认可度都要高于珠三角地区,而在对资源配置效率的评价中,两个地区得分几乎一致。其中,在过程公平和资源配置效率两个方面,上海居民评分最高;在生活现状满意度和城乡融合度两个方面,浙江居民评分最高,从而拉高了长三角地区居民的平均评分值。

三、新型城镇化与分配公平、经济效率协调性的居民评价分析

表 5-3 列出了全国居民样本对新型城镇化与分配公平、经济效率协调性的感受度。总的来看,受访居民普遍认为这三者或是两两之间协调性都较低,平均评分都低于 3 分(满分为 5 分)。相比之下,受访居民认为新型城镇化与经济效率的协调性较高,新型城镇化与分配公平的协调性最低。

表 5-3 居民对新型城镇化、分配公平与经济效率的协调性评分

地区	分配公平与经济效率的协调性		新型城镇化与经济效率的协调性		新型城镇化与分配公平的协调性		三者协调性	
全国	2.71	54.2%	2.83	56.6%	2.66	53.2%	2.69	53.8%
珠三角地区	2.69	53.8%	2.77	55.4%	2.53	50.6%	2.52	50.4%
长三角地区	2.73	54.6%	2.86	57.2%	2.69	53.8%	2.72	54.4%
上海	2.76	55.2%	2.89	57.8%	2.74	54.8%	2.76	55.2%
江苏	2.63	52.6%	2.76	55.2%	2.54	50.8%	2.61	52.2%
浙江	2.62	52.4%	2.74	54.8%	2.62	52.4%	2.61	52.2%
安徽	2.66	53.2%	2.79	55.8%	2.58	51.6%	2.7	54.0%

注:表格中的百分数表示评分值换算成百分数的得分(5 分为满分);由于京津冀地区样本量少,重点比较的是长三角与珠三角地区。

根据表 5-3 和图 5-3,从地区差异来看(不包括样本量小于 20 的 7 个地区),可以发现以下特点:第一,新型城镇化与分配公平、经济效率三者协调性、两两协调性的居民评分曲线基本一致。其中,三者协调性较低的地区,如北京、江苏、广东、湖南和云南等,两两协调性也较低;三者协调性较高的辽宁、福建、山西和甘肃等地区,两两协调性也较高。

第二,东部地区各省份之间居民对协调性评分差异小于中部和西部地区内各省份之间的评分差异。东部地区四种协调性评分的地区间标准差之和为 0.4 分,而中部地区为 0.51 分,西部地区各省份之间差异最大,地区间标准差之和为 0.59 分。第三,长三角地区居民对四种协调性评分均高于珠三角地区。其中,上海居民对协调性的评分较高,特别是新型城镇化与经济效率的协调性。

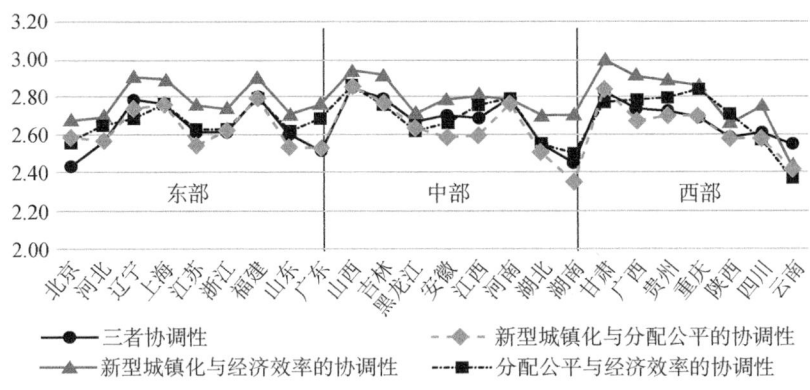

图 5-3 居民对城镇化进程、分配公平与经济效率协调性的感受度地区分布

由以上调查结果可知,居民对新型城镇化、分配公平与经济效率的协调性评分受到其所在地区(省份)的影响。那么,除了地区因素,还有哪些因素会影响居民样本对三者协调性的评分? 对此,我们将作进一步的分析。

第二节 新型城镇化、分配公平与经济效率协调性的影响因素分析

一、模型与方法

受访居民对新型城镇化、分配公平与经济效率三者协调性的感受度主要有 5 级评分,等级 1～5 表示从"非常不协调"到"非常协调"的变

化情况（表 5-4），用 $C(UJE)$ 表示。

表 5-4　居民对新型城镇化、分配公平与经济效率协调性的评分统计表

协调性评分	新型城镇化与分配公平协调性 $C(UJ)$		新型城镇化与经济效率协调性 $C(UE)$		分配公平与经济效率协调性 $C(JE)$		新型城镇化、分配公平与经济效率协调性 $C(UJE)$	
	频数	占比	频数	占比	频数	占比	频数	占比
1	692	8.0%	541	6.2%	856	9.9%	753	8.7%
2	2 282	26.3%	1 931	22.2%	2 467	28.4%	2 369	27.3%
3	4 723	54.4%	4 893	56.3%	4 327	49.8%	4 551	52.4%
4	860	9.9%	1 143	13.2%	879	10.1%	864	9.9%
5	128	1.5%	177	2.0%	156	1.8%	148	1.7%
总计	8 685	100.0%	8 685	100.0%	8 685	100.0%	8 685	100.0%

　　由于 $C(UJE)$ 为有序变量（因变量），其可能的影响因素（自变量）较多，且部分因素对于不同等级协调性的影响效应均不同，自变量不满足平行性条件，因此，本书借鉴 Richard（2006）提出的偏比例优势模型，对居民关于三者协调性评分的影响因素进行分析。

　　$C(UJE)_i$ 表示每个受访居民 i 对新型城镇化、分配公平与经济效率三者协调性的评分，$C(UJE)_i^*$ 为潜在的评分值。X 为自变量矩阵，j 为居民样本对三者协调性的评分等级（1 表示非常不协调，2 表示较不协调，3 表示一般协调，4 表示较为协调，5 表示非常协调），$C(UJE)_i^*$ 估计式可以表示为：

$$C(UJE)_i^* = \boldsymbol{X}_i \beta + \varepsilon \qquad (5-1)$$

　　β 为 $\boldsymbol{X}$ 矩阵的回归系数，ε 为独立同分布的随机误差项。设 μ_k 为居民评分等级的阈值点，$k = 1, 2, \cdots, J-1$，其中，$k = 1$ 代表最小的等级阈值点，即居民认为非常不协调。$C(UJE)_i$ 的值可以表示

如下：

$C(UJE)_i = 1$，非常不协调，当 $C(UJE)_i^* \leqslant \mu_1$

$C(UJE)_i = 2$，较不协调，当 $\mu_1 \leqslant C(UJE)_i^* \leqslant \mu_2$

$C(UJE)_i = 3$，一般协调，当 $\mu_2 \leqslant C(UJE)_i^* \leqslant \mu_3$

$C(UJE)_i = 4$，较为协调，当 $\mu_3 \leqslant C(UJE)_i^* \leqslant \mu_4$

$C(UJE)_i = 5$，非常协调，当 $C(UJE)_i^* > \mu_4$

J 是评分等级的数量，每个受访居民评分等级的概率可以写成：

$$P\big[C(UJE)_i > j\big] = P_{ij} = \frac{e^{(\alpha_j + x_i \beta_j)}}{1 + e^{(\alpha_j + x_i \beta_j)}} \quad j = 1, 2, \cdots, J-1$$

$$(5-2)$$

其中，β_j 为 $\boldsymbol{X}$ 矩阵的回归系数，α_j 为第 j 项逻辑回归的截距项。对于不同的自变量 x_i，对应的回归系数为 β_{ij}，且 x_i 不需要服从平行性假设。

二、计算结果

本书中居民对协调性的评分设 5 个等级，因此可以得到 4 个不同的面板结果。面板 1 类似于二元逻辑回归模型，因变量 $C(UJE)_i$ 被分为"非常不协调"与其他协调状况两类；面板 2 的结果类似于面板 1，因变量 $C(UJE)_i$ 被分为"非常不协调"和"较不协调"的不协调状况，以及其他协调状况两类；面板 3 的因变量 $C(UJE)_i$ 被分为"非常不协调""较不协调"和"一般协调"等一类，对应于其他较为协调以上等级状况；面板 4 的因变量 $C(UJE)_i$ 被分为"非常协调"与"其他协调"状况两类。在调查问卷中，本书设计了单选题、多选题和排序题，并根据 PPO 模型，采用逐步回归分别从单选题、多选题和排序题中提取影响因素，再加入控制变量与各因素的交互项进行拟合，对模型进行平行性检验和显著性检验，计算结果见表 5-5。

表5-5　居民对新型城镇化、分配公平与经济效率三者协调性评分的影响因素分析

自变量	面板 1		面板 2		面板 3		面板 4	
	回归系数	标准差	回归系数	标准差	回归系数	标准差	回归系数	标准差
常数项	−3.733	0.257***	−5.99	0.227***	−11.691	0.358***	−7.456	0.876***
医疗变化程度	0.101	0.027***	0.101	0.027***	0.101	0.027***	0.101	0.027***
物价变化程度	−0.041	0.023*	−0.041	0.023*	−0.041	0.023*	−0.041	0.023*
食品支出比重	0.046	0.018***	0.046	0.018***	0.046	0.018***	0.046	0.018***
教育支出比重	0.037	0.019*	0.037	0.019*	0.037	0.019*	0.037	0.019*
城乡收入差距	0.175	0.072**	0.175	0.072**	0.175	0.072**	0.175	0.072**
行政问责不规范	−0.079	0.018***	−0.079	0.018***	−0.079	0.018***	−0.079	0.018***
能源浪费情况	0.387	0.032***	0.387	0.032***	0.387	0.032***	0.387	0.032***
城乡收入差距×常住地	0.13	0.023***	0.13	0.023***	0.13	0.023***	0.13	0.023***
城乡融合度×住房类型	0.024	0.01**	0.024	0.01**	0.024	0.01*	0.024	0.01**
户籍转变	−0.628	0.285**	−0.185	0.098*	—	—	3.581	0.861***
城乡融合度	0.386	0.134***	—	—	0.363	0.142**	1.606	0.322***
教育变化程度	−0.085	0.044*	—	—	0.137	0.043***	0.384	0.106***

（续表）

自变量	面板 1		面板 2		面板 3		面板 4	
	回归系数	标准差	回归系数	标准差	回归系数	标准差	回归系数	标准差
分配规则公平程度	0.449	0.065***	0.356	0.041***	0.178	0.063***	—	—
公众对收入差距承受力	0.509	0.066***	0.335	0.042***	0.357	0.064***	—	—
劳动投入与报酬相符度	—	—	0.682	0.109***	0.586	0.151***	—	—
资源配置垄断	—	—	−0.077	0.023***	—	—	0.169	0.08**
高新技术产业发展	—	—	0.098	0.034***	0.303	0.057***	0.544	0.164***
民众节能意识	0.341	0.053***	0.397	0.036***	0.345	0.055***	0.722	0.137***
城乡融合度×文化程度	—	—	0.11	0.022***	—	—	−0.248	0.077***
资源配置效率×文化程度	0.203	0.032***	0.041	0.02**	0.075	0.031**	0.27	0.077***
城乡收入差距×文化程度	−0.071	0.015***	−0.093	0.013***	−0.066	0.016***	−0.076	0.034**
资源配置效率×常住地	−0.138	0.046***	0.079	0.033**	0.061	0.05	−0.184	0.11
劳动投入与报酬相符度×常住地	−0.004	0.054	−0.122	0.04***	−0.068	0.054	0.135	0.118

注：加粗斜体的自变量满足平行性假设条件；加下划线的自变量来自多选题或排序题；*** 表示显著水平为 0.01，** 表示显著水平为 0.05，* 表示显著水平为 0.1。

（一）满足平行性假设条件的变量

受访居民对医疗变化程度、物价变化程度、城乡收入差距、食品支出比重、教育支出比重、能源浪费情况、行政问责不规范的看法是影响他们对三者协调性评分的重要因素，且这些自变量均满足平行性假设条件。其中，医疗变化程度、城乡收入差距、食品支出比重、教育支出比重、能源浪费情况的影响效应为正向；受访居民对物价变化程度和行政问责不规范的看法对评分影响效应为负向。物价涨幅越大，以及在资源配置时行政问责越不规范，居民对三者协调性的评分就越低。另外，尽管自变量城乡融合度不满足平行性条件，但城乡融合度与住房类型的交互项、城乡收入差距与常住地的交互项均满足平行性条件，且它们对三者协调性的评分均具有显著的影响。由此可见，越是住房条件好且认为城乡融合度高的居民，越是认为三者具有较好的协调性；越是觉得城乡收入差距大的居民，越是认为三者具有较好的协调性，且三者对东部地区居民的影响要比对中部、西部地区居民高 0.13。

（二）不满足平行性假设条件的变量

从其他不满足平行性条件的自变量来看，户籍转变、教育变化程度、城乡融合度、分配规则公平程度、公众对收入差距承受力、劳动投入与报酬相符度、高新技术产业发展、民众节能意识、资源配置垄断等变量均对 $C(UJE)_i$ 不同等级具有不同的影响效应。第一，从城镇化进程方面指标"户籍转变"和"城乡融合度"看，"户籍转变"对面板 1 和面板 4 的影响是显著的，而对面板 2、面板 3 均不显著；"城乡融合度"对 4 个面板的影响均显著，只是显著水平有所不同，对面板 2 的影响显著性低于其他面板。第二，从分配公平方面指标"分配规则公平程度""公众对收入差距承受力""劳动投入与报酬相符度"和"资源配置垄断"看，前三个指标对面板 1、2、3 的影响效应均显著，唯独对面板 4 的影响不显著；

"劳动投入与报酬相符度"和"资源配置垄断"对面板 2、3、4 的影响显著,而对面板 1 的作用不显著。第三,从经济效率方面指标"高新技术产生发展"和"民众节能意识"来看,居民认为高新技术产业发展较快、民众节能意识较强都对三者协调性评分结果有较为显著的影响(面板1 除外)。第四,加入常住地、文化程度两个变量,分别与城乡融合度、资源配置效率、城乡收入差距、劳动投入与报酬相符度的交互项进行拟合,研究发现较高文化程度加强了城乡融合度、资源配置效率对三者协调性评分的影响,最大影响效应分别增加了 0.11、0.27;而减弱了城乡收入差距对协调性评分的影响,减弱效应为 0.093;从常住地与资源配置效率、劳动投入与报酬相符度的交互项来看,经济发达的地区(东部)反而减弱了资源配置效率、劳动投入与报酬相符度对三者协调性评分的影响,减少的效应为 0.184、0.122。

三、调查结论

本书基于 31 个省份的民意调查数据,分析了居民对中国城镇化进程、分配公平与经济效率涉及的相关内容的感受度,利用偏比例优势模型对三者协调性评分的影响因素进行研究。研究发现:

(1) 全国受访居民对生活现状平均满意度处于中等偏上水平(67%),对城乡融合度、过程公平和政府资源配置效率的感受度处于中等水平,甘肃、贵州和陕西满意度最高,云南、河南和湖北满意度最低,长三角地区居民的满意度平均水平高于珠三角地区。

(2) 全国受访居民对新型城镇化、分配公平和经济效率三者协调性及两两协调性的评分均处于中等水平(53%~57%),东部地区各省份之间居民对协调性评分差异小于中部和西部地区,长三角地区居民协调性的评分高于珠三角地区。

(3) 分配规则公平、城乡收入差距、城乡融合度对三者协调性评分具有显著的正向效应,说明提高分配过程和结果公平、加快城镇化进程均会促进三者协调性评分。地区因素、受教育程度和住房类型的改变加强了城乡收入差距、城乡融合度对协调性评分的作用效应。医疗、教育等公共产品的改善，能源浪费的减少和民众节能意识的提高均对三者协调性评分具有显著的促进作用；而物价上涨、行政问责不规范、资源配置垄断等对协调性评分具有抑制作用。

第六章 新型城镇化进程中分配公平与经济效率的协调性测度

评价系统间的协调状况，不能仅以"协调"与"不协调"简单定论。在现实的社会经济发展中，往往大部分的系统协调程度都处于"协调"与"不协调"之间。因此，本章在第三章新型城镇化、分配公平与经济效率构建的指标体系和指数分析的基础上，借助系统协调性测度的相关理论模型，对新型城镇化、分配公平与经济效率三个子系统的实际观测值以及彼此间的协调值接近程度进行定量分析。

第一节 协调性测度方法述评

一、系统协调性测度模型

常见的系统协调性测度模型主要有距离协调度模型、变化协调度模型、逼近理想点法、灰色关联分析法、功效系数法、耦合协调度模型、隶属函数协调度模型等。

（一）距离协调度模型

距离协调度模型即引入欧式距离公式，度量系统实际值与理想值之间的距离，也就是评价变量的实际值与理想值的偏差。系统实际值与理想值的距离度量公式如下：

$$\overline{S}_t = \sqrt{\sum_{i=1}^{m} (x_{it} - x'_{it})^2 / \sum_{i=1}^{m} s_i^2} \qquad (6-1)$$

其中，$s_i = \max_t |x_{it} - x'_{it}|$ 为系统 i 的实际值 x_{it} 与理想值 x'_{it} 的最大可能距离。$\overline{S}_t$ 越大，表示系统实际值偏离理想值越远，系统协调性越低。为了便于将计算结果与其他模型进行比较，构造距离协调度模型如下：

$$C_t = (\sqrt{1 - \overline{S}_t})^k \qquad (6-2)$$

其中，k 为调节系数。$0 < C_t < 1$，其值越大，表明系统协调性越高。

假设只有两个子系统，设两个子系统标准化后的发展度 x_{it} 为评价变量，其理想值就等于另一子系统实际值的拟合函数，有：

$$(x'_{1t}, x'_{2t}) = [f(x_{2t}), f(x_{1t})] \qquad (6-3)$$

将式(6-3)代入式(6-2)和式(6-1)，且令 $k=2$，则两个子系统的距离协调度模型如下：

$$C_t = \left(\sqrt{1 - \sqrt{\frac{(x_{1t} - x_{2t})^2}{\max |x_{1t} - x_{2t}|_i^2}}} \right)^2 \qquad (6-4)$$

该模型又被称为离差系数最小化协调度模型。其实，离差系数最小化协调度模型是距离协调度模型的一种特殊形式，距离协调度模型是对实际值与理想值协调性假定最一般性意义的解释。

(二) 变化协调度模型

变化协调度模型是指通过度量系统间的相对变化程度，且以各子系统动态变化的一致程度来判断系统协调性的模型。为了考察经济系统之间是否协调发展，本书选取相应的子系统发展指标考察其发展态势的一致性，并以协调度来表示这种一致性。协调度函数为：

$$C(t) = \frac{(X_t - X_{t-1})/X_{t-1}}{(Y_t - Y_{t-1})/Y_{t-1}} \quad (t = 1, 2, \cdots, n) \qquad (6\text{-}5)$$

其中，$X(t)$ 为第 t 年 X 子系统的发展水平。$Y(t)$ 为第 t 年 Y 子系统的发展水平。从形式上看，该函数可以看作 Y 子系统对 X 子系统的弹性。

当 $C(t)$ 趋近 1 时，Y 子系统对 X 子系统呈现出高度协调；当 $C(t) > 1$ 或 $C(t) < 1$ 时，系统间协调度将会下降，这就是一种相对变化协调性的测度思路。

(三) 逼近理想点法

逼近理想点法(TOPSIS)是通过每个子系统指标值对理想值的相对接近度来计算协调度，其值与正理想值的距离越近，协调度越高。该方法隐含着某子系统指标值越高，该系统的协调性就越好，即系统发展过程中的理想状态是就高不就低的。逼近理想点法的具体步骤如下：

第一步，确定理想值。确定 t 时期子系统 i 第 j 个指标 a_{ijt}（利用比重法对原指标值进行无量纲化处理）的正理想值与负理想值。

$$\begin{cases} a_{jt}^{+} = \max_{i}\{a_{ijt} \mid i = 1, 2, \cdots m\} \\ a_{jt}^{-} = \min_{i}\{a_{ijt} \mid i = 1, 2, \cdots m\} \end{cases} \quad (j = 1, 2, \cdots, n) \quad (6\text{-}6)$$

第二步，计算距离。计算每个子系统指标值到正理想值的距离。

$$s_{it}^{+} = \sqrt{\sum_{j=1}^{n}(a_{ijt} - a_{jt}^{+})^2} \quad (i = 1, 2, \cdots, m) \qquad (6\text{-}7)$$

计算每个子系统指标值到负理想值的距离。

$$s_{it}^{-} = \sqrt{\sum_{j=1}^{n}(a_{ijt} - a_{jt}^{-})^2} \quad (i = 1, 2, \cdots, m) \qquad (6\text{-}8)$$

第三步，计算每个子系统指标值对理想值的相对接近度，即相对协调度。

$$C_{it} = \frac{s_{it}^{-}}{s_{it}^{+} + s_{it}^{-}} \quad (i = 1, 2, \cdots, m) \tag{6-9}$$

如果某个子系统各指标值为正理想值，则 $s_{it}^{+} = 0$，相对协调度为 1；如为负理想值，则 $s_{it}^{-} = 0$，相对协调度为 0。一般地，$0 \leqslant C_{it} \leqslant 1$，$C_{it}$ 值越大，表明相对协调度越高，反之则越低。

(四) 灰色关联分析法

灰色关联分析法是分析系统中各元素之间关联程度的方法。其基本思想是：根据时间序列曲线几何形状的相似程度来判断其联系是否紧密，曲线之间越接近，相对应的序列之间关联度越大，反之则越小。灰色关联分析的主要步骤如下：

第一步，选取反映系统行为特征的参考序列 $a_{it} = \{a_{i1t}, a_{i2t}, \cdots, a_{int}\}$（$i = 1, 2, \cdots, m$；$t = 1, 2, \cdots, T$），选取与参考序列作关联比较的比较序列 $a_{0t} = \{a_{01t}, a_{02t}, \cdots, a_{0nt}\}$，其中，$a_{ijt}$ 为 t 时期子系统 i 第 j 个指标的无纲量化实际值。

第二步，计算关联系数。

$$\xi_{ij}(t) = \frac{\min\limits_{i}\min\limits_{j} |a_{ijt} - a_{0jt}| + \rho \max\limits_{i}\max\limits_{j} |a_{ijt} - a_{0jt}|}{|a_{ijt} - a_{0jt}| + \rho \max\limits_{i}\max\limits_{j} |a_{ijt} - a_{0jt}|}$$

$$\tag{6-10}$$

式中，$\min\limits_{i}\min\limits_{j} |a_{ijt} - a_{0jt}|$ 为两级最小差（绝对值）。其中，$\min\limits_{j} |a_{ijt} - a_{0jt}|$ 是第一级最小差，表示 a_{it} 序列上找各点与 a_{0t} 的最小差；$\min\limits_{i}\min\limits_{j} |a_{ijt} - a_{0jt}|$ 为第二级最小差，表示在各序列找出的最小差基础上寻找所有序列中的最小差。$\max\limits_{i}\max\limits_{j} |a_{ijt} - a_{0jt}|$ 是二级最大差，其含义与最小差相似。ρ 为分辨率，$0 < \rho < 1$，一般取 $\rho = 0.5$。

第三步，计算关联度。

关联度可通过计算关联系数的平均数得到。

$$\gamma_{ij} = \frac{1}{T}\sum_{t=1}^{T}\xi_{ji}(t) \quad (i=1,2,\cdots,m,\ j=1,2,\cdots,n)$$

(6-11)

γ_{ij} 为 a_{it} 与 a_{0t} 的关联度。若 $0<\gamma_{ij}<1$,说明 a_{it} 与 a_{0t} 有关联性, γ_{ij} 值越大,关联性越大。当 $0<\gamma_{ij}\leqslant0.35$ 时,关联度为弱;当 $0.35<\gamma_{ij}\leqslant0.65$ 时,关联度为中;当 $0.65<\gamma_{ij}\leqslant0.85$ 时,关联度较强;当 $0.85<\gamma_{ij}\leqslant1$ 时,关联度极强。

对关联度矩阵分别按行或列求平均值,根据其大小及值域范围,可以遴选出 a_{it} 系统中影响 a_{0t} 的最主要因素和 a_{0t} 系统中影响 a_{it} 的最主要因素。行列平均值为 $d_{i}=\frac{1}{n}\sum_{j=1}^{n}\gamma_{ij}(i=1,2,\cdots,m)$, $d_{j}=\frac{1}{m}\sum_{i=1}^{m}\gamma_{ij}(j=1,2,\cdots,n)$。

为了从整体上判别 a_{it} 与 a_{0t} 两个系统关联(或耦合)强度大小,可进一步构造 a_{it} 与 a_{0t} 两系统的关联度模型,通过该模型可以从时间和空间两个角度定量评判 a_{it} 与 a_{0t} 两系统的关联协调度,其计算公式为:

$$C(t) = \frac{1}{m\times n}\sum_{i=1}^{m}\sum_{j=1}^{n}\zeta_{ij}(t)$$

(6-12)

如果两者相对变化越一致,则协调度越高;反之则越低。

(五) 功效系数法

功效系数法是通过对系统指标进行无量纲化,利用功效函数,借助变异系数原理来构建协调度模型。根据指标对系统协调度的影响,可以将指标根据不同方法处理为功效系数。

功效系数转换表达式为:

$$u_{ijt} = \begin{cases} \dfrac{a_{ijt} - \min\limits_{j} a_{ijt}}{\max\limits_{j} a_{ijt} - \min\limits_{j} a_{ijt}} & \text{当 } a_{ijt} \text{ 为正向指标} \\[4mm] \dfrac{\max\limits_{j} a_{ijt} - a_{ijt}}{\max\limits_{j} a_{ijt} - \min\limits_{j} a_{ijt}} & \text{当 } a_{ijt} \text{ 为负向指标} \end{cases} \tag{6-13}$$

其中，a_{ijt} 为 t 时期子系统 i 第 j 个指标实际值。$0 \leqslant u_{ijt} \leqslant 1$，其值越大，子系统 i 第 j 个指标的功效越大。当 $u_{ijt}=1$ 时，指标功效最大；当 $u_{ijt}=0$ 时，指标功效最小。

子系统 i 的功效函数可表示为：

$$u_{it} = \sqrt[n]{\prod_{j=1}^{n} w_j u_{ijt}} \tag{6-14}$$

或

$$u_{it} = \sum_{j=1}^{n} w_j u_{ijt} \tag{6-15}$$

其中，$w_j = \dfrac{\sigma_j}{\sum\limits_{j=1}^{n} \sigma_j}$，$\sigma_j = \sqrt{\dfrac{1}{m-1} \sum\limits_{i=1}^{m} (u_{ijt} - \bar{u}_{jt})^2}$，$\bar{u}_{jt} = \dfrac{1}{m} \sum\limits_{i=1}^{m} u_{ijt}$ $(j=1, 2, \cdots, n)$。

则系统协调度公式为：

$$C(t) = \frac{1}{m} \sum_{i=1}^{m} u_{it} = \sqrt[m]{\prod_{i=1}^{m} u_{it}} \tag{6-16}$$

有学者借用变异系数原理，构建协调函数模型如下：

$$C(t) = 1 - s_t / \bar{u}_t \tag{6-17}$$

其中，$s_t = \sqrt{\dfrac{1}{N-1} \sum\limits_{i=1}^{m} \sum\limits_{j=1}^{n} (u_{ijt} - \bar{u}_t)^2}$，$\bar{u}_t = \dfrac{1}{N} \sum\limits_{i=1}^{m} \sum\limits_{j=1}^{n} u_{ijt}$。

（六）耦合协调度模型

耦合原本是物理学概念，系统耦合度是指两个实体相互依赖于对方的一个量度[①]。它可以推广到多个系统之间相互作用、彼此影响，后来逐渐应用于地理、经济等领域。将物理学中的耦合概念推广到多个经济系统的耦合度模型如下：

$$C_n = \left\{ \frac{(U_2, U_2, \cdots, U_m)}{\prod (U_i + U_j)} \right\}^{\frac{1}{n}} \tag{6-18}$$

其中，$U_i (i=1, 2, 3, \cdots, m)$ 是各子系统指数值或评价值。当子系统个数为 3 时，即 $n=3$，则模型可表示为：

$$C_3 = \left\{ \frac{(U_1 \times U_2 \times U_3)}{(U_1 + U_2) \times (U_2 + U_3) \times (U_1 + U_3)} \right\}^{\frac{1}{3}} \tag{6-19}$$

其中，耦合度 $C_3 \in [0, 1]$，C_3 值越接近于 1，表示三者之间的关联程度越大；反之，关联程度越小。当 $C_3 = 0$ 时，三者之间的关系为无关状态。

为了全面反映三个系统的整体功能和协调发展水平，基于以上协调度模型的计算值，构建耦合协调度模型如下：

$$D_3 = \sqrt{C_3 \times T_3} \tag{6-20}$$

$$T_3 = \alpha U_1 + \beta U_2 + \gamma U_3 \tag{6-21}$$

其中，D_3 为三系统耦合协调度；T_3 为三个系统的综合评价值；α、β、γ 为待定系数，表示三系统的权重，根据各自在系统中的贡献大小确定，$\alpha + \beta + \gamma = 1$。进一步，根据计算的耦合协调度进行等级划分，耦合协调度等级根据评价目的不同可分为 4 级、5 级、10 级等。以划分 10 级为例，耦合协调度等级划分见表 6-1。

---

① https://baike.baidu.com/item/%E8%80%A6%E5%90%88/2821124?fr=aladdin.

表 6-1　耦合协调度等级划分表

耦合协调度	协调等级	耦合协调度	协调等级
0～0.09	极度失调	0.50～0.59	勉强协调
0.10～0.19	严重失调	0.60～0.69	初级协调
0.20～0.29	中度失调	0.70～0.79	中级协调
0.30～0.39	轻度失调	0.80～0.89	良好协调
0.40～0.49	濒临失调	0.90～1.00	优质协调

（七）隶属函数协调度模型

隶属函数协调度模型利用模糊数学中的隶属函数模型，构建各子系统对其他子系统的相对协调度模型，并在此基础上，计算系统协调度。

一般地，子系统 i 对其他子系统的相对协调度模型为：

$$u_t(i/\bar{i}_{m-1}) = \exp\left\{ -\frac{(x_{it} - x_{it}^*)^2}{\sigma_i^2} \right\} \qquad (6\text{-}22)$$

系统协调度模型为：

$$C_t = \begin{cases} \dfrac{\min\limits_i(u_t(i/\bar{i}_{m-1}))}{\max\limits_i(u_t(i/\bar{i}_{m-1}))} & m=2 \\[2em] \dfrac{\sum\limits_{i=1}^{m} u_t(i/\bar{i}_{m-1})u_t(\bar{i}_{m-1})}{\sum\limits_{i=1}^{m} u_t(\bar{i}_{m-1})} & m=3,4\cdots \end{cases} \qquad (6\text{-}23)$$

其中，x_{it} 为 t 时期子系统 i 实际值，x_{it}^* 为 t 时期其他子系统对子系统 i 的协调值；σ_i^2 为子系统 i 的方差；$\bar{i}_{m-1}$ 表示除子系统 i 外的其他 $m-1$ 个子系统所组成的小复合系统，$u_t(\bar{i}_{m-1})$ 为小复合系统 $\bar{i}_{m-1}$ 的

协调度。可知,当子系统数目大于 2 时,其系统协调度模型是一个递推公式,需要计算出各小复合系统 $\bar{i}_{m-1}$ 的协调度。

C_t 越大,系统间协调度越高。由公式(6-22)可知,在一定差异水平 σ_i^2 下,若各子系统实际值 x_{it} 与协调值 x_{it}^* 越一致,则协调度 C_t 就越大,系统间就越协调。

(八) 方法评述

不同的协调度模型有其不同的应用范围和领域,距离协调度模型、灰色关联分析法主要适用于两系统之间的协调性测度,变化协调度模型、逼近理想点法、功效系数法、耦合协调度模型和隶属函数协调度模型则可以适用于多系统的协调性测度。

距离协调度模型借助欧式距离原理,其理想协调值假定具有一般性,没有固定的评价变量及其理想值,模型运用较为灵活,适用较为普遍,同时欧式距离公式意义直观、计算方便。但是从本质上来理解距离协调度模型,它是将系统协调性等同于系统间的相似性或者同步性,这显然不适用于某些情景,也是距离协调度模型的局限之处。本书所研究的新型城镇化、分配公平与经济效率的协调性属于多系统协调性问题,而新型城镇化、分配公平、经济效率三系统程度相似也不一定代表三系统就协调发展了,因此该模型不适用于新型城镇化、分配公平与经济效率的协调性测度。

与距离协调度模型相比,变化协调度模型通常有时间参数的参与,可以研究系统协调的动态变化。它是一种相对协调度,在方法上更灵活,测度模型可变换的形式较多。同时,由于模型变换通常用求导的方式来表示,可以很方便地研究复杂的多系统协调程度,周敏和吴瑞明(2000)就采用该模型研究了区域内的四个子系统的变化协调度。但该模型的分析计算依赖于对复杂的多重微分方程的求解,难度较大。此外,用弹性(Y 子系统对 X 子系统的弹性)来描述系统间的协调度,其取值范围为($-\infty$,$+\infty$),协调与否的判断标准难以确定,这使得协调度等级划分缺乏可以信赖的判断标准。本书在判断新型城镇化、分配公平与经济效率的协调度范围时,若采用$(-\infty,+\infty)$的取值范围则难以划分协调等级,所以此方法也不适用于本书。

逼近理想点法与距离协调度模型在本质上都是通过计算相对距离来计算协调度。不同的是,逼近理想点法通过每个子系统指标值对理想值的相对接近度来计算协调度,且理想值是就高不就低的。理想值越高,协同协调性越好。但是,如果选择的正理想值不是同期指标值的最大值,那么如何设定正理想值将是最大难点。新型城镇化、分配公平、经济效率三个子系统的正理想值都无法事先设定,因此,逼近理想点法也不适用于对新型城镇化、分配公平与经济效率的协调性测度。

灰色关联分析法是通过计算灰色关联度来反映两个系统的相对变化情况,并进一步得到彼此之间的协调度。由于灰色关联主要体现时间上的动态趋势,该方法主要适合开展两系统之间协调性的动态分析,而不适合本书中对三系统协调性的研究。

功效系数法利用功效系数之间的集中性与离散性,用综合值来判定系统评价指标之间的统计特征,并用其衡量系统的发展状态。该方法的主要缺点是单项得分的两个评价标准(即满意值和不容许值)的确定不易操作,且极容易受极端值影响。

耦合协调度模型主要利用多个系统的耦合度和综合评价值的几何平均数来判定多系统的耦合协调度。但是,综合评价值计算过程中的判定系数的确定带有一定的主观性,容易因评价对象和研究者的不同而改变,这也是耦合协调度模型较大的缺陷。

隶属函数协调度模型来自模糊数学,主要用于解决和处理实际模糊信息的问题。隶属度指标指的是描述论域中某一元素 x 隶属于模糊集 A 程度,它是一个$[0,1]$闭区间上的实数,而这种隶属度的变化是通过隶属函数来反映的。由此,我们可以建立协调度模型,用于表示在给定数值下某一系数隶属于模糊集"协调"的程度。该模型可以用来描述某一系统对另一系统的协调发展程度,也可以用来描述各系统间相互协调发展程度。而新型城镇化、分配公平与经济效率的协调性问题包含诸多复杂的变化因素,因此含有模糊思想的隶属函数协调度模型适用于此问题的研究。另外,新型城镇化、分配公平与经济效率的协调性问题研究既要分析两两之间的协调发展程度,又要分析分析三系统间的相互协调发展程度,隶属函数协调度模型可以很恰当地实现这个功能。

综上所述,根据第三章构建的新型城镇化、分配公平与经济效率指标体系,三个子系统均包含复杂的诸多因素,且内涵与外延概念还有待探讨。因此,本书采用隶属函数协调度模型,构建各子系统对其他子系统的相对协调度模型,并在此基础上计算三者协调度。

二、新型城镇化、分配公平与经济效率的协调性测度模型构建

新型城镇化、分配公平与经济效率的协调度模型为:

$$C(UJE)_t = \begin{cases} \dfrac{\min\limits_i(\mu_t(i/\bar{i}_{m-1}))}{\max\limits_i(\mu_t(i/\bar{i}_{m-1}))} & m=2 \\[4mm] \dfrac{\sum\limits_{i=1}^{m}\mu_t(i/\bar{i}_{m-1})\mu_t(\bar{i}_{m-1})}{\sum\limits_{i=1}^{m}\mu_t(\bar{i}_{m-1})} & m=3 \end{cases} \qquad (6\text{-}24)$$

子系统 i 对其他子系统的相对协调度模型为:

$$\mu_t\left(\frac{i}{\bar{i}_{m-1}}\right) = \exp\left(-\frac{(x_{it}-x_{it}^{*})^2}{\sigma_i^2}\right) \qquad (6\text{-}25)$$

其中,x_{it} 为 t 时期子系统 i 实际值,x_{it}^{*} 为 t 时期其他子系统对子系统 i 的协调值。本书通过构建 VAR 模型,计算求得新型城镇化、分配

公平、经济效率三个子系统的相对协调值。σ_i^2 为子系统 i 的方差；$\bar{i}_{m-1}$ 表示除子系统 i 外的其他 $m-1$ 个子系统所组成的小复合系统，$\mu_t(\bar{i}_{m-1})$ 为小复合系统 $\bar{i}_{m-1}$ 的协调度。可知，当子系统数目大于 2 时，其系统协调度模型为一个递推公式，需要先计算出各小复合系统 $\bar{i}_{m-1}$ 的协调度，小复合系统协调度分别为 $C(UJ)_t$、$C(UE)_t$、$C(JE)_t$，再计算相对协调值。C_t 值越大，系统间协调度越高。由式(6-24)和式(6-25)可知，在一定差异水平 σ_i^2 下，若各子系统实际值 x_{it} 与协调值 x_{it}^* 越一致，$C(UJE)_t$ 值就越大，系统间就越协调。所以，本书确定 $C(UJ)_t$、$C(UE)_t$、$C(JE)_t$、$C(UJE)_t \in [0,1]$，协调度越接近 1，说明系统之间越协调；协调度越接近 0，说明系统之间越不协调。根据协调度分类法，协调性类型可划分为非常协调、比较协调、基本协调、不协调、非常不协调等类型。

第二节　新型城镇化、分配公平与经济效率的协调性测度
——以长江经济带 11 个省市为例

　　基于以上构建的新型城镇化、分配公平与经济效率的协调度模型，结合第三章的指标体系以及三系统的指数分析结果，本书利用三系统指数，以长江经济带 11 个省市数据为例，对中国新型城镇化进程、分配公平与经济效率之间的协调性进行测度，主要测算两两系统之间的分类协调度和三系统之间的总协调度。

　　本书对中国新型城镇化、分配公平与经济效率的总体协调性进行测度，并以长江经济带 11 个省市为代表，对中国部分区域的新型城镇化、分配公平与经济效率的协调性进行测度。长江经济带覆盖上海、江苏、浙江、安徽、江西、湖北、湖南、重庆、四川、云南、贵州 11 个省市。长江经济带是横跨中国东中西三大区域的内河经济带，地理位

置重要,人口规模和经济总量占据我国"半壁江山",具有独特优势和巨大发展潜力,关系中国经济发展全局。2014 年 9 月,国务院印发《关于依托黄金水道推动长江经济带发展的指导意见》,以推动长江经济带发展,促进东中西、上中下游地区协调发展。2016 年 9 月,《长江经济带发展规划纲要》正式印发,提出大力保护长江生态环境、加快构建综合立体交通走廊、创新驱动产业转型升级、积极推进新型城镇化、努力构建全方位开放新格局、创新区域协调发展体制机制、保障措施等多项任务。长江经济带各省市在新型城镇化进程中,面临着收入差距扩大、城乡分配不公、产业转型升级瓶颈、区域发展不协调等问题。因此,研究和分析该区域新型城镇化、分配公平与经济效率的协调性问题,对三系统的协调性进行测度,对于推动长江经济带上中下游地区协调发展和沿江地区高质量发展具有重要的战略意义,也对促进中国新型城镇化、分配公平与经济效率的协调发展具有一定的启示作用。

一、中国新型城镇化、分配公平与经济效率总体协调性测度

根据式(6-24)和式(6-25)所构建的新型城镇化、分配公平与经济效率的隶属函数协调度模型,下面测度中国新型城镇化、分配公平与经济效率的总体协调性。首先构建各子系统间的 VAR 模型,计算其他子系统对某一子系统的协调值。根据第四章研究结果,中国新型城镇化指数、分配公平指数、经济效率指数均为一阶差分平稳序列,分别可以记作 $F(U)_t \sim I(1)$,$F(J)_t \sim I(1)$,$F(E)_t \sim I(1)$,且新型城镇化指数 $F(U)_t$、分配公平指数 $F(J)_t$ 与经济效率指数 $F(E)_t$ 为单阶协整。由于 VAR 模型存在滞后期,1997—1999 年的部分协调值不存在,本书分析 2000—2017 年中国新型城镇化进程、分配公平与经济效率三系统的总体协调度 $C(UJE)_t$ 和两两系统之间的协调度 $C(UJ)_t$、$C(UE)_t$ 和 $C(EJ)_t$,结果见表 6-2 和图 6-1。

表6-2 2000—2017年中国新型城镇化、分配公平与经济效率总体协调度

年度	$C(UJ)_t$	$C(UE)_t$	$C(EJ)_t$	$C(UJE)_t$
2000	0.997 8	0.997 3	0.990 9	0.922 9
2001	0.993 0	0.994 2	0.995 5	0.987 2
2002	0.989 8	0.889 7	0.916 2	0.976 9
2003	0.621 7	0.915 6	0.671 8	0.783 7
2004	0.956 4	0.736 6	0.820 5	0.969 6
2005	0.835 2	0.998 7	0.813 7	0.904 9
2006	0.961 1	0.939 5	0.994 2	0.993 4
2007	0.997 7	0.664 8	0.710 6	0.865 6
2008	0.976 9	0.685 9	0.657 3	0.953 4
2009	0.670 5	0.804 3	0.787 0	0.827 4
2010	0.997 3	0.810 7	0.825 6	0.991 1
2011	0.980 1	0.701 7	0.685 5	0.922 5
2012	0.988 7	0.787 5	0.801 9	0.979 6
2013	0.874 1	0.998 2	0.895 3	0.952 7
2014	0.993 9	0.972 0	0.973 2	0.981 1
2015	0.948 9	1.000 0	0.918 4	0.945 5
2016	0.765 2	0.881 6	0.926 5	0.900 9
2017	0.954 6	0.923 5	0.966 4	0.961 2
均值	0.916 8	0.872 3	0.852 8	0.934 4

根据表6-2和图6-1,2000—2017年新型城镇化、分配公平与经济效率三系统协调度$C(UJE)_t$总体表现得较为稳定,呈波浪式小幅变化趋势,平均协调值为0.934 4,呈现基本协调状态。其中,2003年、2007年、2009年协调值低于0.9,在图中显示为波谷,尤其2003年和2009年协调值较低,此外的其他15年三系统协调值均高于0.9,呈现基本协调或协调状态。

从两两系统之间的协调性来看,新型城镇化与分配公平协调度

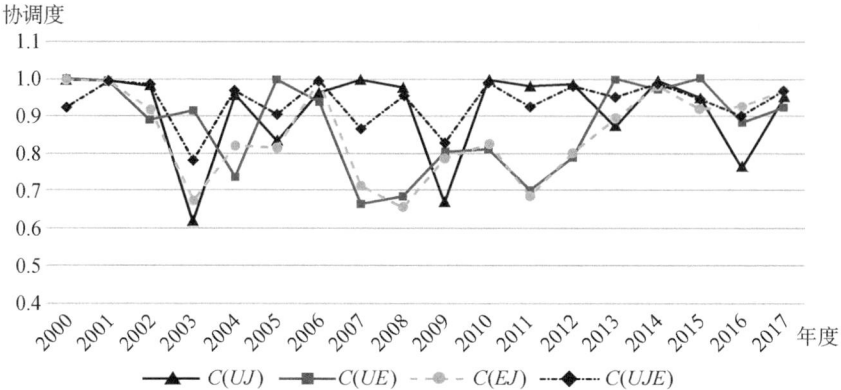

图 6-1　2000—2017 年中国新型城镇化进程、分配公平与经济效率总体协调度

$C(UJ)_t$ 波动趋势与三系统协调度波动趋势较为一致,但波动幅度大于三系统协调度,在 2003 年和 2009 年的协调值分别为 0.621 7 和 0.670 5,呈现不协调状态,远远低于这两个年度的三系统协调值。另外,新型城镇化与分配公平协调度 $C(UJ)_t$ 在 2005 年、2016 年的波谷值也明显低于三系统协调度,均呈现基本不协调状态,而三系统协调度呈现基本协调状态。从时间区间的均值看,新型城镇化与分配公平协调度 $C(UJ)_t$ 为 0.916 8,呈现基本协调状态。

　　2000—2017 年,新型城镇化与经济效率的协调度 $C(UE)_t$、分配公平与经济效率的协调度 $C(EJ)_t$ 两者的波动趋势较为相似,2002—2004 年呈一个"V"字型,2006—2013 年呈一个大"W"字型。从图 6-1 中可以看到,$C(UE)_t$ 的波谷值出现在 2004 年、2007 年、2008 年和 2011 年,$C(EJ)_t$ 的波谷值出现在 2003 年、2007 年、2008 年和 2011 年,协调值均低于 0.75,呈现不协调状态。从两者的年度均值看,新型城镇化与经济效率的协调度 $C(UE)_t$ 为 0.870 1,略高于分配公平与经济效率的协调度 $C(EJ)_t$ 0.847 6,分别呈现基本协调和基本不协调状态。

　　总的来看,新型城镇化、分配公平与经济效率三系统协调度要高于两两系统之间的协调度。$C(UJE)_t$ 受 $C(UJ)_t$ 影响较为显著,所以两者变化趋势较为一致,而 $C(UE)_t$ 和 $C(EJ)_t$ 两者变化趋势较为相似,且两者在 2007 年、2011 年、2016 年拉低了 $C(UJE)_t$。值得注意的是,2009 年的三系统协调值与两两系统协调值都处于较低水平。一个合理的解释是,2008 年全球金融危机爆发对中国实体经济带来冲击,明显阻碍了中国新型城镇化的进程,也影响了分配公平与经济效率的协调性。

二、长江经济带11个省市新型城镇化进程、分配公平与经济效率协调性测度

根据式(6-24)和式(6-25),对长江经济带 11 个省市新型城镇化进程、分配公平与经济效率的协调性进行测度,本书得到上海、江苏、浙江、重庆等 11 个省市的两两系统协调度 $C(UJ)_{it}$、$C(UE)_{it}$、$C(JE)_{it}$ 以及三系统间协调度 $C(UJE)_{it}$(图 6-2),具体数值见附表 2。下面从空间和时间的视角分析新型城镇化、分配公平与经济效率的协调性特征。

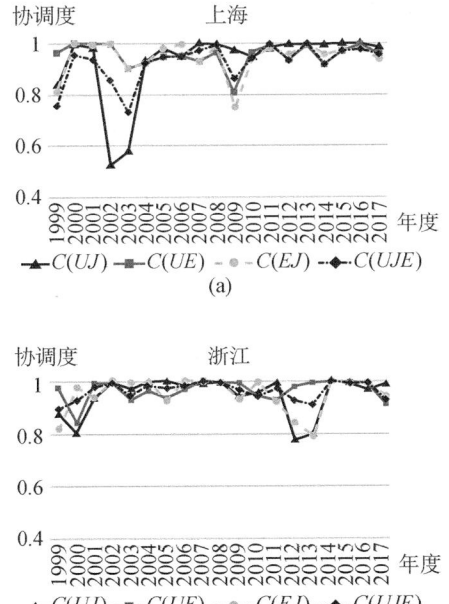

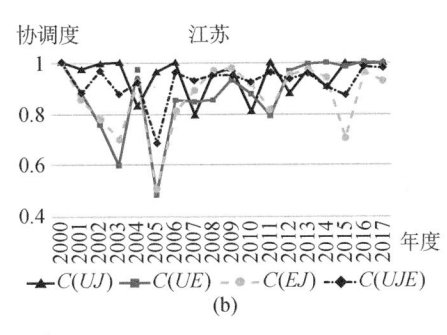

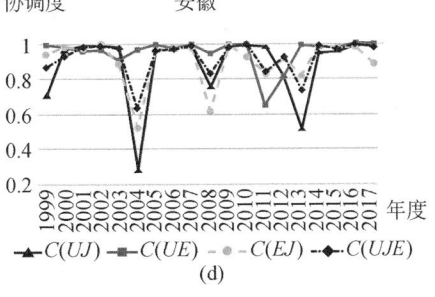

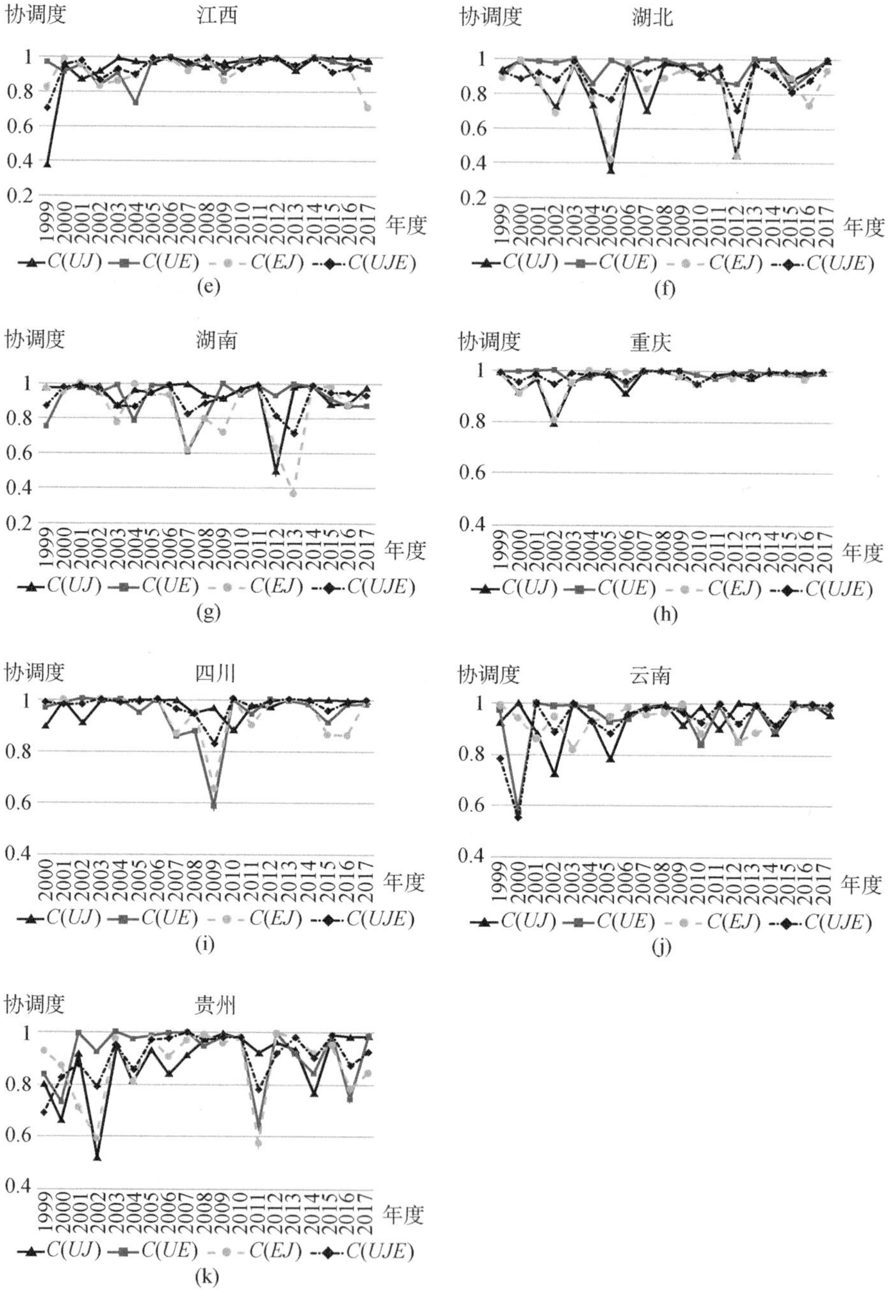

协调度 江西

协调度 湖北

(e)

(f)

协调度 湖南

协调度 重庆

(g)

(h)

协调度 四川

协调度 云南

(i)

(j)

协调度 贵州

(k)

图6-2 长江经济带11个省市各类协调度趋势图

（一）新型城镇化、分配公平与经济效率协调性的空间特征

1. 三系统之间协调度的空间特征

根据长江经济带 11 个省市 2000—2017 年新型城镇化、分配公平与经济效率三系统的协调度计算年度平均值,结果如表 6-3 所示。从空间分布来看,2000—2017 年三系统协调度的高协调值主要集中在重庆、四川、浙江和江西,协调值年度均值都在 0.96 以上,呈现协调状态,其中以重庆为最高,协调值为 0.981 1;三系统协调度的低协调值主要集中在湖北、贵州和湖南,协调值年度均值低于 0.92,其中以湖北为最低,协调值为 0.900 3;上海、江苏、安徽和云南三系统的协调值位于中等水平,其中上海市协调值最高,为 0.933 3,江苏省协调值最低,为 0.921 0,两者差值为 0.012 3。

总的来看,高协调值所集中的城市覆盖了全国东、中、西部地区,其中西部地区有 2 个。低协调值所集中的城市主要覆盖中部和西部地区,其原因可能是湖北、湖南和贵州这三个省份分配公平指数波动较大,分配公平与新型城镇化的协调性、分配公平与经济效率的协调性较低,从而导致三系统协调性较低。这也说明这些地区在三系统协调性上还有待加强。整体上看,除重庆和四川外,长江经济带三系统的协调性呈现"东高西低"的空间分布特征,地区差异较为显著。

2. 两两系统之间协调度的空间特征

根据长江经济带 11 个省市 2000—2017 年新型城镇化、分配公平与经济效率两两系统之间的协调度计算年度平均值,结果可见图 6-3。从 2000—2017 年新型城镇化与分配公平的协调度年度均值看,协调值较高的地区包括四川、江西和重庆,协调值均在 0.95 以上,呈现非常协调状态,其中以四川为最高,协调值为 0.971 5;协调值较低的地区包括湖北、贵州和安徽,协调值均在 0.9 以下,其中以湖北为最低,协调值为 0.851 1;上海、江苏、浙江、湖南和云南居于 11 个省市的中间水平,协调

表6-3　2000—2017年长江经济带三系统与两系统协调度统计描述

年份	C(UJE)					C(UJ)					C(UE)					C(EJ)				
	均值	最大值	地区	最小值	地区	均值	最大值	地区	最小值	地区	均值	最大值	地区	最小值	地区	均值	最大值	地区	最小值	地区
2000	0.901 4	0.951 8	江苏	0.552 6	云南	0.924 4	1.000 0	上海	0.661 8	贵州	0.903 1	0.999 8	上海	0.575 8	云南	0.963 1	0.998 3	上海	0.870 0	贵州
2001	0.954 4	0.958 5	云南	0.859 0	江苏	0.940 2	0.995 2	四川	0.861 7	湖北	0.976 2	0.998 0	湖南	0.882 1	江苏	0.918 6	0.999 4	湖南	0.710 1	贵州
2002	0.919 0	0.951 6	安徽	0.789 6	贵州	0.825 8	0.995 5	江苏	0.521 3	贵州	0.943 0	0.999 8	重庆	0.757 4	江苏	0.824 8	0.999 9	安徽	0.524 3	上海
2003	0.931 1	0.958 5	湖北	0.730 9	上海	0.937 8	0.998 7	江苏	0.584 2	上海	0.923 9	0.999 2	湖北	0.596 6	江苏	0.864 4	0.999 2	四川	0.603 6	上海
2004	0.891 5	0.988 8	浙江	0.639 3	安徽	0.856 2	1.000 0	浙江	0.284 5	安徽	0.919 1	0.998 3	四川	0.734 3	江西	0.885 9	0.999 3	重庆	0.522 6	安徽
2005	0.923 4	0.986 5	四川	0.689 5	江苏	0.898 6	0.999 8	江西	0.353 0	湖北	0.923 9	0.995 4	重庆	0.481 5	江苏	0.870 8	0.995 0	江西	0.407 0	湖北
2006	0.970 4	0.997 6	四川	0.944 8	上海	0.959 8	0.999 3	江西	0.839 5	贵州	0.959 7	0.999 6	四川	0.847 5	江苏	0.958 8	0.998 1	浙江	0.809 3	江苏
2007	0.956 0	0.999 1	浙江	0.824 1	湖南	0.937 3	1.000 0	重庆	0.701 8	重庆	0.922 0	0.999 9	重庆	0.597 8	湖南	0.903 1	0.998 8	浙江	0.617 5	湖南
2008	0.953 1	0.999 4	重庆	0.832 1	安徽	0.953 7	0.999 0	重庆	0.761 4	重庆	0.939 3	0.998 3	重庆	0.794 1	湖南	0.920 5	0.999 9	江西	0.614 3	安徽
2009	0.940 3	0.997 6	重庆	0.826 2	四川	0.960 0	0.994 0	贵州	0.914 3	云南	0.921 5	0.999 9	湖南	0.585 7	四川	0.883 4	0.995 4	云南	0.653 2	四川
2010	0.954 1	0.994 1	安徽	0.920 6	江苏	0.938 7	0.999 5	安徽	0.806 1	江苏	0.950 4	0.995 5	安徽	0.836 5	云南	0.939 9	0.999 8	四川	0.877 1	云南
2011	0.942 6	0.990 8	江西	0.778 9	贵州	0.970 3	0.999 8	江西	0.900 3	云南	0.883 5	0.990 9	湖南	0.642 1	贵州	0.893 9	0.998 0	云南	0.576 3	贵州
2012	0.914 8	0.996 7	江西	0.701 6	湖南	0.848 8	0.999 9	重庆	0.452 6	湖北	0.937 9	0.998 7	四川	0.811 4	安徽	0.860 6	0.995 7	江西	0.434 2	湖北
2013	0.925 1	0.996 5	四川	0.709 7	湖南	0.915 0	0.999 7	上海	0.522 6	安徽	0.982 3	0.999 3	湖北	0.914 7	贵州	0.880 2	0.996 5	上海	0.362 2	湖南
2014	0.955 1	0.997 2	重庆	0.900 8	贵州	0.953 4	0.999 5	重庆	0.767 7	贵州	0.968 0	0.999 9	湖北	0.840 0	贵州	0.963 6	0.999 9	浙江	0.908 7	云南
2015	0.950 8	0.997 5	重庆	0.801 4	湖北	0.969 3	0.999 9	上海	0.881 9	上海	0.956 8	0.996 7	云南	0.834 8	湖北	0.928 3	0.993 8	重庆	0.700 4	江苏
2016	0.960 6	0.997 7	安徽	0.874 4	贵州	0.976 5	0.999 9	安徽	0.885 9	安徽	0.929 3	1.000 0	安徽	0.727 9	湖北	0.915 8	0.996 4	云南	0.733 4	湖北
2017	0.965 7	0.992 7	重庆	0.925 3	贵州	0.986 1	0.999 8	重庆	0.953 0	云南	0.961 5	0.996 1	安徽	0.871 4	湖南	0.917 7	0.998 6	重庆	0.712 4	江西

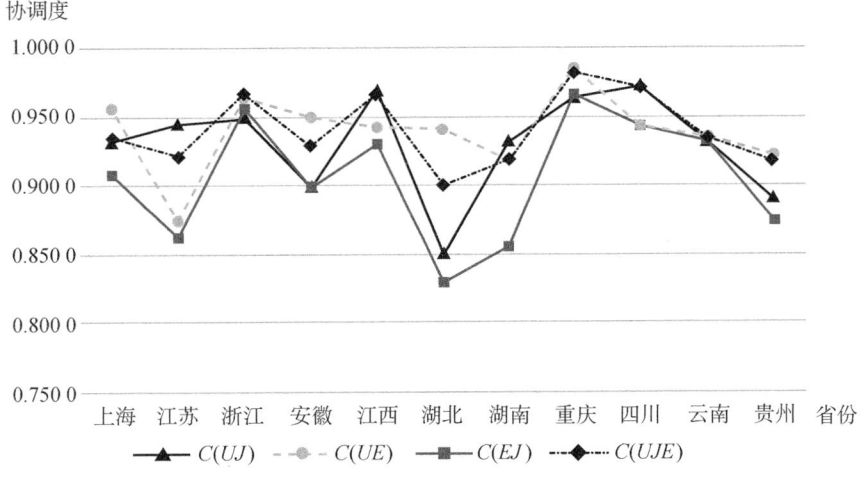

图 6-3 2000—2017 年长江经济带三系统、两两系统协调度的年度均值地区差异

值介于 0.9 至 0.95 之间。由此可见,东部地区新型城镇化与分配公平的协调度居于中等水平,且东部地区的协调值地区差异较小,而西部、中部地区新型城镇化与分配公平的协调度地区差异较大,极差为 0.120 3。

从 2000—2017 年新型城镇化与经济效率的协调度年度均值看,协调值较高的地区包括重庆、浙江和上海,协调值均在 0.95 以上,呈现非常协调状态,其中以重庆为最高,协调值为 0.984 7;协调值较低的地区包括江苏和湖南,协调值均在 0.92 以下,其中以江苏为最低,协调值为 0.873 9;安徽、四川、江西、湖北、云南和贵州居于 11 个省市的中间水平,协调值介于 0.92 至 0.95 之间。由此可见,东部地区新型城镇化与经济效率的协调度地区差异显著,浙江与江苏协调度差异为 0.089 1。

从 2000—2017 年分配公平与经济效率的协调度年度均值看,协调度高值区包括重庆和浙江,协调值均在 0.95 以上,呈现非常协调状态,其中以重庆为最高,协调值为 0.966 0;协调度低值区包括湖北、湖南、江苏和贵州,协调值均在 0.9 以下,其中以湖北为最低,协调值为 0.830 1;四川、云南、江西、上海和安徽居于 11 个省市的中间水平,协调值介于 0.90 至 0.95 之间。由此可见,中部地区分配公平与经济效率的协调度整体较低,东部、西部地区地区差异显著,其中,长江经济带分配公平与经济效率的协调度地区差异最为显著,极差为 0.135 8。

综上,从 2000—2017 年长江经济带新型城镇化、分配公平与经济效率的三系统和两两系统协调度整体平均水平看,重庆属于协调性最好地区,四川次之,湖北属于协调性最差地区;同时,西部的贵州、中部的湖南和东部的江苏也属于协调性较低的地区。

(二)新型城镇化进程、分配公平与经济效率协调性的时间特征

根据长江经济带 11 个省市新型城镇化、分配公平与经济效率三系统的协调度计算 2000—2017 年长江经济带的协调度均值、最大值与最小值,结果可见表 6-3 和图 6-4。

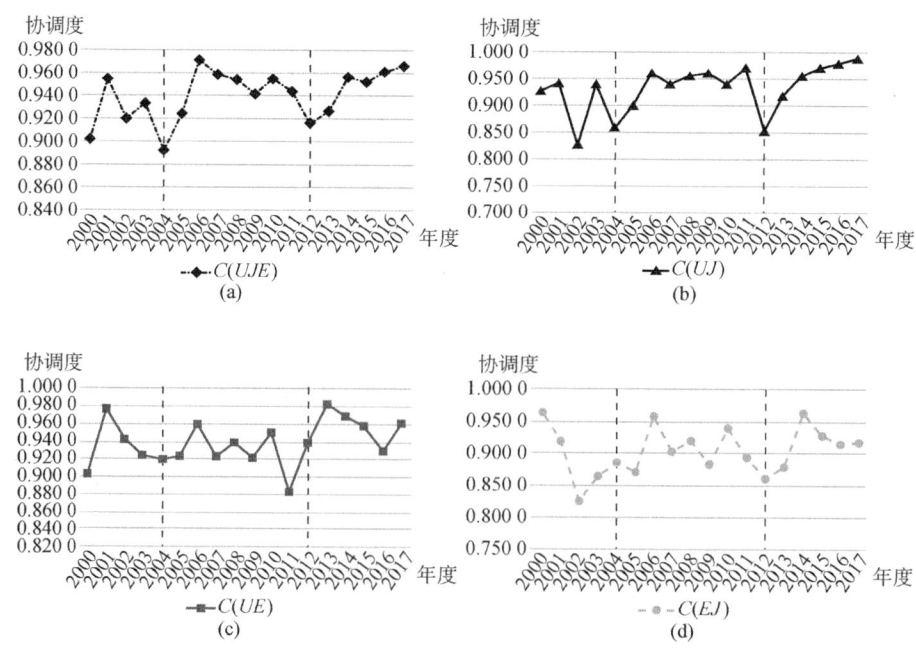

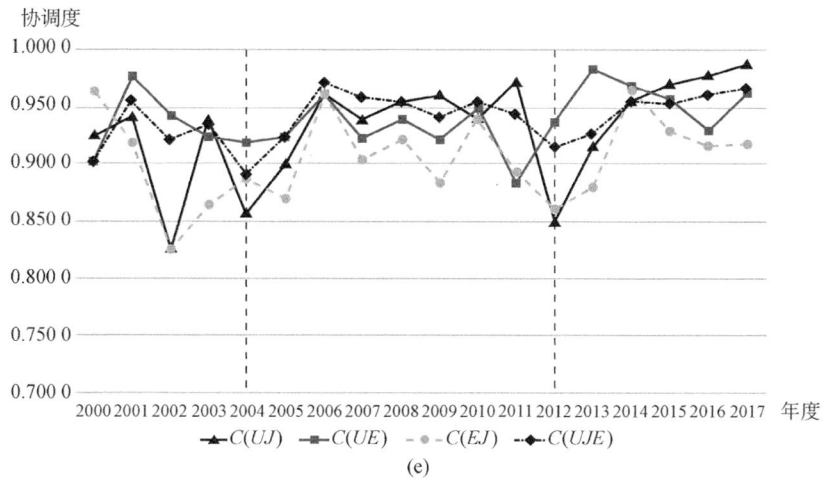

图 6-4　2000—2017 年长江经济带三系统和两两系统协调度地区均值趋势

1. 三系统之间协调度的时间特征

从时间维度上来看,三系统协调度的峰值主要出现在 2001 年、2006 年和 2017 年,谷值主要出现 2000 年、2004 年和 2012 年。其中,2006 年最高,协调值为 0.970 4;2004 年最低,协调值为 0.891 5。从图 6-4(a)可以看到,以 2004 年和 2012 年为界,2000—2017 年三系统协调度大致可以分为三个阶段:第一阶段为 2000—2004 年,$C(UJE)_t$ 值呈现一个小"M"型波动下降,2004 年降到 18 年间最低值;第二阶段为 2004—2012 年,$C(UJE)_t$ 值呈现一个大"M"型波动趋势,但 2012 年协调值比起 2004 年有所增长;第三阶段为 2012—2017 年,$C(UJE)_t$ 值在经历一个最低点之后呈小幅波动上升趋势,2017 年达到 0.965 7。可见,2000—2017 年长江经济带新型城镇化、分配公平与经济效率三系统协调性整体呈"过山车"式大幅波动,阶段变化显著。

由表 6-3 可知,2000—2017 年三系统协调度最大值落在重庆的年份最多,年份分别为 2008 年、2009 年、2014 年、2015 年和 2017 年,均呈现非常协调状态,其次,较多年份为最大值的地区有四川和安徽,均有 3 年。$C(UJE)_{it}$ 最小值主要落在贵州和江苏,分别为 5 年和 3 年,呈现不协调和基本不协调状态。江苏在18年间三系统协调度波动幅度较大,最大值与最小值年份都占据较多,方差较大。

2. 两两系统之间协调度的时间特征

根据图6-4(b),2000—2017年新型城镇化与分配公平的协调度均值趋势与三系统协调度均值趋势非常相似,2000—2004年、2004—2012年分别呈现一个小"M"型和一个大"M"型,2012—2017年以递减的速率逐年上升。2000—2017年长江经济带11个省市新型城镇化与分配公平的协调度均值峰值主要落在2001年、2003年、2006年、2011年和2017年,2017年协调值最高,达到0.986 1;谷值主要落在2002年、2004年和2012年,其中2002年协调值最低,为0.825 8。另外,新型城镇化与分配公平的协调度最大值较多年份主要集中在重庆和上海,分别有5年和3年,均为非常协调状态,最大值均达到1;新型城镇化与分配公平的协调度最小值较多年份主要集中在湖北、贵州、安徽和云南,分别为5年、4年、3年和3年,大部分呈现不协调状态,其中,2004年安徽最小值为0.284 5,为极不协调状态。

根据图6-4(c)和(d),2000—2017年11个省市新型城镇化与经济效率的协调度均值趋势、分配公平与经济效率的协调度均值趋势较为相似。新型城镇化与经济效率的协调度均值以2006年、2010年和2013年为界分为三个阶段,分配公平与经济效率的协调度均值以2006年、2010年和2014年为界分为三个阶段,趋势图均由一个小"V"型、小"W"型和大"V"型组成,且在2014年之后均呈下降趋势。2000—2017年长江经济带11个省市新型城镇化与经济效率的协调度均值峰值主要落在2001年、2006年和2013年,均呈现非常协调状态,2013年协调值最高,达到0.982 3;谷值主要落在2000年、2004年和2011年,其中2011年协调值最低,为0.883 5。2000—2017年长江经济带11个省市分配公平与经济效率的协调度均值峰值主要落在2000年、2006年和2014年,均呈现非常协调状态,2014年协调值最高,达到0.963 6;谷值主要落在2002年、2005年和2012年,其中

2002年协调值最低,为0.824 8。

新型城镇化与经济效率的协调度最大值较多年份相对集中,主要分布在重庆、四川、湖南、湖北和安徽5个地区,均呈现非常协调状态,其中,2016年最大值为1(安徽);最小值较多年份主要集中在江苏、湖南和贵州,其中,2005年最小值为0.481 5(江苏),呈现极不协调状态。由此可见,2000—2017年江苏省新型城镇化与经济效率的协调度较差,而湖南则波动起伏较为显著,方差较大。

分配公平与经济效率的协调度最大值较多年份主要集中在重庆、云南、江西和浙江,均各3年,均呈现非常协调状态;最小值较多年份主要集中在湖北和贵州,均各3年,2013年最小值为0.362 2(湖南),处于极不协调状态。

第七章 新型城镇化进程中分配公平与经济效率的协调性预警

预警理念是东方管理哲学的精髓,如"凡事预则立,不预则废""未雨绸缪""防微杜渐""有备无患"等均说明了国家管理和日常生活都必须具备预警理念,古典的东方预警思想为现代预警理论奠定了良好的基础。然而研究结果表明,国内预警理念尚未普及,预警理论在经济领域的应用尚不完善。本章的重点是将预警理论与方法体系引入本书的研究对象——新型城镇化、分配公平与经济效率的协调发展领域。

第一节 系统协调性预警理论基础

一、系统协调性预警内涵与发展历程

(一)系统协调性预警内涵

预警之"预",《辞海》中的相关解释为:预先、事先。预警之"警",相关解释有:戒备,《左传·宣公十二年》曾记载"军卫不彻,警也";警报,如火警、边警,《后汉书·窦融传》曾记载"明烽燧之警";与"惕"组合,指对可能发生的危险情况保持警觉。可见,"预警"一词,从语义理解,是对可能发生的事变或危险预先告诫、预先戒备、预先发出警报、保持警觉;是在对各系统运行中的风险进行监测、评估的基础上,就风险可能导致的各种危害作出的早期预报,是对风险的可能趋势与未来状况所

作的观念判断与实践运用。在古代,人们就通过占星、卜卦等活动来预示人世间的变化。

预警理论涉及多个领域,如经济预警、社会风险预警、金融安全监测、气候气象的预测预报、粮食安全供给、饥荒预警、环境监测等。经济预警是指围绕经济循环波动这一特定经济现象所展开的一整套经济监测、经济评价、经济预测和政策选择的理论和方法体系。社会风险预警是依据对社会发展稳定状况的判断,按照社会系统整合关系的模型分析,对社会系统运行的安全质量和后果进行评价、预测和报警,也称社会预警,其实质是对社会安全运行的稳定性程度的评判,其目的和作用是识警防患,超前预控。

本书研究的新型城镇化进程中分配公平与经济效率的协调性预警是以新型城镇化、分配公平与经济效率的协调发展为核心目标,以加快新型城镇化进程、促进分配公平和提高经济效率等为内容,以新型城镇化子系统、分配公平子系统、经济效率子系统为对象,采用一系列科学指标体系、系统模型和预警方法技术,对新型城镇化、分配公平与经济效率三个系统的运行过程进行监测,从中发现警情、鉴别警兆、寻找警源、判断警度及制定排警决策的过程。简言之,它是用来预测新型城镇化、分配公平与经济效率三系统未来可能状态是否偏离协调发展,分析其偏离的强弱程度,并发出预警信号和提供排警决策的过程。它不仅包括对城镇化进程的研判、对经济现象的监测,还包括对分配公平程度的判断,以及对相互影响程度和适应程度的预测,是一种横跨经济领域与社会领域的预警。

(二) 预警研究起源与发展

预警系统研究的起源可追溯到 1862 年,法国经济学家克里门特·朱格拉(Clèment Juglar)在《论法国、英国和美国的商业危机以及发生周期》一书中首次提出了市场经济存在 9~10 年的周期波动(被称为"朱格拉中周期"),他将这个波动周期分为繁荣、危机和清算三个阶段。1922 年,俄国经济学家尼古拉·康德拉季耶夫(Nikolai D. Kondratieff)提出了长波理论,并于 1925 年在《经济生活中的长期波动》一文中运用西方主要资本主义国家的价格、利率、进口额、出口额、煤炭和生铁产量等时间序列资料对经济发展的长波进行了实证研究,他认为经济发展过程中存在着平均长度为 50 年的长期波动。从发现经济周期开始,人们就在挖掘波动缘由,外部缘由的相关理论开始发展,然后从发现经济活动的外部现象到分析内在机制及其变化规律,进一步预测未来经济变化趋势。经济预警领域的研究由此起源。

从 20 世纪开始,各种与预警系统研究相关的研究工作一再掀起热潮,并且进入了实际应用阶段。例如,1909 年,美国巴布森统计公司发布"巴布森经济活动指数";1917 年,哈佛大学从事景气监测的"经济调查委员会"编制了"美国一般商情指数"(即哈佛指数)。随后又有学者编制了"英国商业循环指数"和"德国一般商情指数"等。1950 年,经济统计学家穆尔采用扩散指数法(DI)对宏观经济综合状态进行测度。20 世纪 60 年代,美国经济统计学家希斯金提出了综合指数经济预测法(CI),弥补了 DI 的不足。美国从 20 世纪 70 年代开始将调查得到的信息纳入监测预警系统。20 世纪 70 年代末期,预警系统本身已趋于成熟并逐渐表现出国际化合作研究趋势。20 世纪 80 年代以后,西方学者为了对预警过程进行研究,提出了 KLR 信号分析法、模糊神经网络预测系统。经济预警由此拓展到如财务状况、货币信贷、房地产等微观经济领域。

我国经济社会预警研究发展于 20 世纪 80 年代以后,基本沿用西方的经济预警方法,主要着眼于对宏观经济景气、社会风险指标的监测和预报。宋林飞(1989,1995,1999)连续多年对社会发展风险系统进行分析;赵彦云和李静萍(2002)则对中国的生活质量进行统计分析,并对其生活质量进行预测;阎耀军(2004)构建了计量社会稳定的指标体系及其运行平台——社会稳定监测、预警、预控管理系统。近些年,部分学者将机器学习方法引入预警研究,李志强、詹锋和周丽琴(2006)利用 BP 网络算法,采用软件 Matlab 的神经网络工具箱,对区域人口、资源、环境与经济系统协调发展的程度进行预警,程锐和刘垲荣(2010)则设计了区域交通运输与经济的协调性预警体系结构,并利用 BP 神经网络模型对福建省区域交通运输与经济协调发展状况进行评价和预警研究,王鹏和黄迅(2018)基于 Twin-SVM 模型对多分形特征下的金融市场风险展开预警研究。中国预警研究大多直接套用西方经济预警的理论和方法,缺乏符合中国国情的系统性的适用多学科的预警理论与方法研究,更缺乏利用数理模型进行定量分析的研究工作。

(三) 预警的类型

预警按性质可分为经济预警与非经济预警(社会预警、军事预警、生态预警、环境预警等),按时间可分为短期预警、中期预警与长期预警,按预警对象的空间尺度大小可分为宏观预警、中观预警与微观预警,按管理预警对象的过程可分为危机成因机制、危机早期预报与预控原理、预警管理手段等。

短期预警一般指时间跨度在一年以内、受随机因素干扰、无规律可循的有一定预警难度的应急预警,对突发事件的预测预报能力是预警准确性的关键。中期预警一般指时间跨度在 1 年以上 5 年以内的,虽有一定规律但伴随着随机因素干扰的、预警难度较大的一种中期趋势预警。把握中期预警准确性的关键是既要有对突发事件的预测预报能力,又要了解中长期趋势运行规律。长期预警是指 5 年以上的有规律可循的一种长期趋势预警,但是预警难度很大,不易把握。因此,对长期趋势运行规律的把握程度决定了长期预警的准确性。对新型城镇化、分配公平与经济效率的协调性预警应该属于中短期预警。

微观预警是一种战术层面、组织层面和个体层面的小空间尺度预警。因为对微观事项运行规律的把握程度较高,微观预警较易把握,如企业预警。中观预警是一种城市和农村等地域单元层面的难度较大的中等空间尺度预警,如城市社会预警、农村社会预警。宏观预警是一种战略层面的大空间尺度的预警,难度很大。因此,对宏观层面的总体调控能力是宏观预警准确性的关键。本书对新型城镇化、分配公平与经济效率的协调性预警属于宏观预警范畴。

危机成因机制包括危机起源、发展方式、后果程度的理论模型和预警分析模型等。危机早期预报与预控原理包括危机预警的监测系统、识别指标、组织运作及预控方式的基本原理、模式与方法,该原理提出了危机预测、危机避防、危机处理等管理程序。预警管理手段包括宏观、中观、微观职能管理的预警技术方法及预警指标体系等。

二、协调性预警要素

一般,预警系统包括警情、警源、警兆、警度和警限等要素。

警情是监测预警的对象,是需要监测和预报的内容,是系统发展过程中出现的异常情况。具体而言,本书把影响分配公平与经济效率的协调性的各种异常情况称为"警情",即已经发生或即将可能发生的各种造成新型城镇化、分配公平与经济效率的协调性出现偏离的问题,以及预报偏离程度。

警源是指警情产生的根源,它是分析警兆的基础。寻找警源是预警的第一步。警源一般可分为内生警源和外生警源。内生警源是指系统自身运行状态及机制,如结构、组成要素对警情发展变化的影响;外生警源是指从系统外输入的警源,如对警情有影响的宏观经济形势和政策、自然环境等外部因素。

警兆是警源精炼的结果,是预警指标体系的主体,是直接能够提供预警信号的一级预警指标,是预警机制的关键环节。由警源到警情,有可能瞬时发生,也有可能是个漫长的过程,而在这个或长或短的过程中必然会出现各种警情先兆现象,这便是警兆。根据警兆,人们可以预知一些尚未发生的事情。警兆可以由警源扩散而来,因此,警兆指标直接来源于警源。同时,警兆又是警情变化的敏感反映,所以其先于警情,对指标监测作用比较稳定。

警度又称警级,即警情的轻重程度,是对预警结果危害程度的描述,是根据警情的警限,运用定性与定量方法分析警兆报警区间之后,为表达警情的程度而人为划分的预警级别。警度既是经济社会预警的最终产出形式,也是定量分析结果。根据警情的严重程度,警度可以划分为无警警度、轻警警度、中警警度、重警警度和巨警警度等五个等级,在预警图上可分别用蓝灯区、绿灯区、黄灯区、橙灯区和红灯区表示。

预警区间,是指警兆指标的变化范围。一般需要运用各种定性定量分析方法先明确其静态或动态的安全变化区间,然后再确定警区。当实际值超过一定的区间就表明警情出现。警区确定是危机预警中难度最大、最为重要的一项工作。

警点即预警的分界点,指发生警情的临界点和警戒线,也就是通常所说的"极限"。警区和警点统称为警限。相对于不同警情指标有各种警戒线,我们根据不同时间和空间的具体情况可以划分出不同的警戒线。

三、协调性预警方法与模型

预警方法是系统预警理论的核心。综观国内外已有的研究文献,预警方法依据不同的分类标准有多种不同的类别。总的来看,预警方法大致可以分为定性分析方法、定量分析方法和定时分析方法。根据预警机制不同,预警方法可以分为黑色预警法、黄色预警法、红色预警法、绿色预警法和白色预警法。其中,黄色预警法是最为常用的预警方法。根据预警手段不同,黄色预警法具体又可以分为指数预警、统计预警和模型预警。其中,模型预警又可以分为计量模型预警和非计量模型预警。

依据预警机制划分的预警方法比较见表7-1。

表7-1 依据预警机制划分的预警方法比较

预警方法	基本含义	主要特点	应用范围	具体方法与步骤
黑色预警法	依据警情的时间序列波动规律进行直接预警	不引入警兆等自变量,只考察警情的时间序列波动规律	主要应用于具有循环波动特性的工业预警、农业预警等	各种商业指数、预警合成指数、经济扩散指数、经济波动图等
黄色预警法	依据警兆的警级预报警情的警度	是一种由内及外再到结果的分析	应用范围很广	指数预警、统计预警、模型预警
红色预警法	依据警兆以及对各种环境社会因素进行估计	是一种环境分析方法,尤其重视定性分析,一般需要其他预警方法作为补充	应用范围很广	对影响警情变动的利弊因素进行全面分析、对比研究,最后根据预测者的直觉、经验及专家估计进行预警
绿色预警法	依据警情的生长态势进行经济预测预警	主要借助遥感技术	农村农业经济预警	依据农作物生长的绿色程度(绿色指数)预警经济及农业的未来状况
白色预警法	在基本掌握警源的条件下用计量技术进行预测	属于计量预警	发展还不成熟,应用较少	—

本书重点介绍当前预警机制研究中最为普遍采用的黄色预警法。黄色预警法俗称综合指数预警法,是一种典型的由果溯因再到果的方法。其主要流程为:寻找警源、分析警兆、合成指数、划分警限和预报警度。黄色预警法过程复杂,要求的指标较多,预警的可靠性高。依据手段不同,它又可分为三种具体的方法:指数预警、统计预警和模型预警。三种方法比较见表7-2。

表 7-2　黄色预警法的具体预警方法及其比较

预警方法	基本含义	主要特点	应用范围	具体方法与模型
指数预警	通过制定综合指数来评价监测对象所处的状态	利用警兆的某种反映警级的指数进行预警	主要应用于宏观经济领域，用来预测经济周期的转折点和分析经济的波动幅度	景气指数法
统计预警	主要通过统计方法来发现监测对象的波动规律	使用变量少，数据收集容易，操作比较简便	在企业财务危机预警中应用较广泛	多元判别分析法、Logistic 回归分析等
模型预警	通过建立数学模型来评价监测对象所处的状态	主要变量之间有明确的数量对应关系时就用线性模型预警，变量之间关系复杂时可用非线性模型预警	在监测点比较多、比较复杂时应用较广泛	线性模型、非线性模型预警

　　国内外研究预警系统的模型大致可分为两类：计量预警模型和非计量预警模型。其中，计量预警模型包括 ARIMA 模型、ARCH 模型、VAR 模型、Logistic 回归模型、STVA 横截面回归模型和 MCS 模型等；非计量预警模型包括人工神经网络模型、支持向量机模型 KLR 信号分析法、概率模式识别模型等（表 7-3）。

表 7-3　预警模型介绍

	模型名称	主要原理及特点
计量预警模型	ARIMA 模型	差分自回归移动平均模型，是一种时间序列预测方法。其将模型过去值拟合产生的误差也引入模型，不需要预先确定时间序列的发展形态，对剩余项不断分解，使之满足运用回归法的假定。适用范围比较广泛，如对洪水灾害、卫生系统、经济系统等预警
	ARCH 模型	自回归条件异方差模型，从统计上提供了用过去误差解释未来预测误差的一种方法。其特点是可以精确度量经济循环波动的误差，即预期误差（不确定性），可以提供更合理的警限，可以改进通常的预测模型，处理非线性预警系统的预警问题

（续表）

模型名称	主要原理及特点
计量预警模型	
VAR 模型	将模型中包含的所有变量都视为内生变量，从而避免了划分内生变量和外生变量，以及识别模型等复杂问题。该模型的解释变量全部都是滞后变量，因而可以描述变量之间的动态联系，并且可以直接根据目前的解释变量值对被解释变量的未来值作出预测
Logistic 回归模型	通过选择样本和定义变量进行描述性统计及简单指标检验，然后根据检验结果进行变量间的相关性分析，剔除高度相关的变量，在此基础上进行 Logistic 回归，再选择最优概率阈值（分割点），阈值即为预警的临界点，对所得到的预测方法和效果进行检验，获取最终可以信赖的模型
STVA 横截面回归模型	该模型在分析中使用了横截面数据，并用线性回归法建立模型。该模型集中分析起因类似的小组危机，同时主要分析对说明危机的原因至关重要的一些变量
MCS 模型	多元累计和模型，该模型可以有效评估预警一国的外债风险，债权人和债务国能很早地预测到可能导致债务重订债务期限的金融危机
非计量预警模型	
人工神经网络模型	是基于误差反向传播算法的一种多层前向神经网络。在预警指标的历史数据较少、非线性变化的情况下，可用此方法对预警指标进行自学习的评价
支持向量机模型	能够克服局部极值、维数灾难、过学习等诸多问题，具有更为优异的机器学习与泛化推广性能，在处理非线性复杂系统问题上的突出优势，被广泛应用于风险预警研究中
KLR 信号分析法	选择一系列指标并根据其历史数据确定其阈值，一旦某个指标在某个时点或某段时间偏离均值的程度超过其阈值，就意味着该指标发出了一个危机信号。危机信号发出越多，表示某一个国家在未来 24 个月内爆发危机的可能性就越大
概率模式识别模型	基于模型识别和时间序列方法相结合的模型。模式识别是指一类用于对所研究的对象根据其共同特征或属性，就其所属模式类别进行识别的方法。概率模式分类可以得到最小的错判概率，其有关分类错判概率等方面的理论极为适合研究预警系统的预警可靠性

第二节　新型城镇化进程中分配公平与经济效率的协调性预警机制与流程

预警机制是指对预警对象构建起来的一整套预警预报机制,包括预警指标的设计与量化,预警信息(警源信息、警情信息、警兆信息)的收集与分析,预警区域的设置,警级类型的分析与判断,预警信息的传递与报送,预警机构的设置与协调,预案的设置与实施等。它依据预警对象的特点,目的明确地对反映预警对象安全状态的重要指标进行动态的收集、储存、分析和利用。这些客观的信息不仅可以用来对预警对象的状况进行科学评估,而且可以有效地预测预警对象未来的发展趋势。预警机制通过对现有和潜在的各种问题进行及时了解和预测,采取积极的预防措施和有效的干预措施,以达到有效地维护预警对象安全、平稳、健康运行的目的。

综观国内外文献,当前国内外社会经济领域的预警研究出现三个趋势:一是研究视角从社会发展水平测定向预警监测转变;二是研究重点从单纯经济预警向经济社会双重预警转变;三是研究主旨从理论探讨向实证分析转变。本书研究的新型城镇化进程中分配公平与经济效率的协调性预警正是从目前预警研究的主流趋势出发,通过构建新型城镇化、分配公平与经济效率三系统的指标体系,利用各种统计分析方法和预警模型,对横跨经济与社会领域的有关新型城镇化、分配公平与经济效率协调性的未来发展趋势进行预测预报。

一、一般预警流程

对新型城镇化进程中分配公平与经济效率的协调性预警,其主要过程可以用图 7-1 的预警流程图来描述。

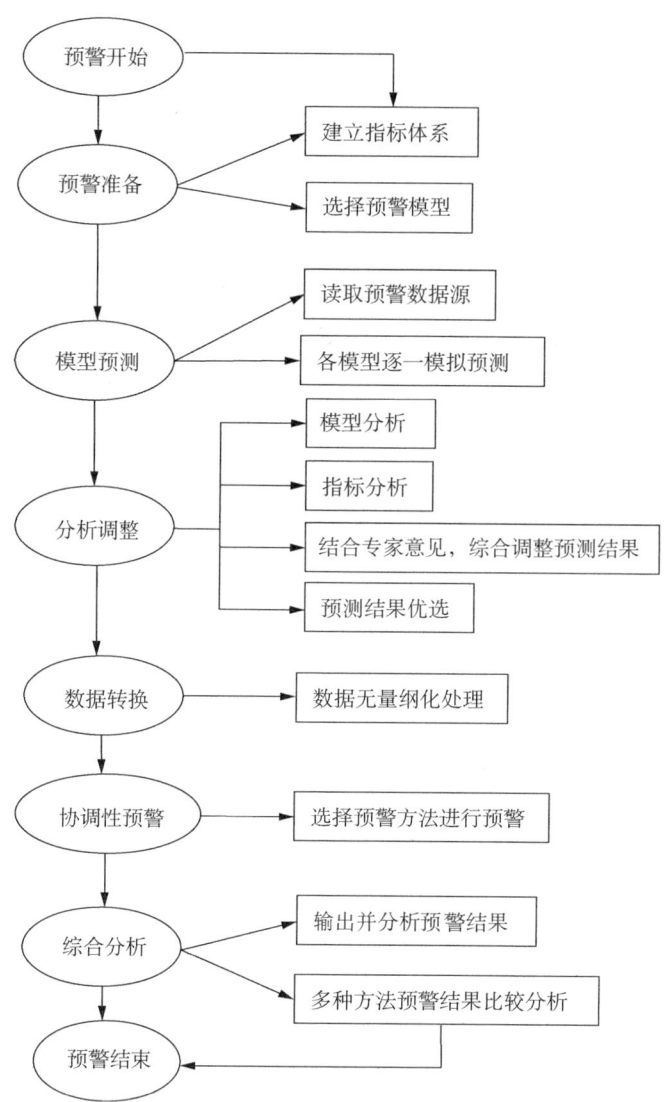

图 7-1　新型城镇化进程中分配公平与经济效率的协调性预警步骤与流程

二、新型城镇化进程中分配公平与经济效率的协调性预警机制

基于新型城镇化进程中分配公平与经济效率的协调性逻辑思维

分析视角,新型城镇化、分配公平与经济效率三系统的协调性预警机制主要包括以下几个过程:警义界定,警情指标选择,警源分析,警兆选定和警区划分,警度值合成,警度预报。

（一）警义界定

新型城镇化、分配公平与经济效率的协调性预警的意义主要在于保障社会经济生活中新型城镇化、分配公平与经济效率的协调发展,构建一个在新型城镇化不断推进的过程中收入分配公平不断改善、经济效率持续提高的和谐社会。

（二）警情指标选择

警情是预警的对象和内容。对新型城镇化、分配公平与经济效率的协调性警情分析是指为了预防三系统过度不协调对新型城镇化、分配公平与经济效率等造成的不良影响,而对三系统协调程度的历史和现状进行评价,并希望对未来可能发生的警情变化进行预测,以提前对可能发生过度不协调现象进行预报。

（三）警源分析

警源是警情产生的根源。本书选取第三章指标体系构建中影响新型城镇化、分配公平与经济效率协调性的指标作为警源。

（四）警兆选定和警区划分

分析警兆是预警过程的关键环节。警兆指标是警源指标精炼的结果,是在对新型城镇化、分配公平与经济效率协调性的警源描述和归纳的基础上,通过一定的方法挑选出来的最能反映警情指标变化的指标。

本书利用定性分析和定量分析相结合筛选出与警源之间有相关关系的警兆指标,因为警兆指标的确定是整个预警过程的关键环节,警兆指标是能够反应警情的先行或同步指标。利用警兆指标可对预警对象进行全面的判断,同时还可根据当期警兆指标的变动情况对下期警情进行预测,对警兆指标出现的异常波动进行实时监控,防止警情的进一步蔓延。

在确定各个警兆指标后,我们需要对警兆指标划分出相应的预警区间以示严重性,同时确定警兆指标合理波动的范围。警兆区间的划分,能够对警情波动起到进一步的量化监控。

(五)警度值合成

我们可以通过 ARMA 模型、VAR 模型、SVM 模型等对各个警兆指标的未来发展水平进行预测,然后确定警兆指标的预警区间,并在此基础上确定综合警度。综合警度值的合成,需要在充分考虑各警兆指标的基础上尽可能地利用定量方法确定各警兆指标的权重,因此最终的综合警度值是对各个警兆指标的综合度量。

(六)警度预报

在完成明确警情、筛选警兆、确定警兆预警区间以及综合警度的前提下,预警的最后环节便是对所监控的警情进行预测预报。警度的预报和分析是预警机制的终极目标,需要利用计量方法或机器学习方法建立相应的模型并依据历史数据对其进行预测。因此,一个可靠的预测模型可以使预测结果具有说服力,能够为政府和企业提供当前经济形势的综合判断。

三、新型城镇化进程中分配公平与经济效率的协调性预警流程

本书采用黄色预警法和黑色预警法对新型城镇化、分配公平与经济效率的协调性进行预警,然后分别采用线性和非线性模型对三系统协调度进行预测,并将两种预测值的均值作为最后的预测值,与第六章计算的协调度真实值进行比较。黄色预警法依据警兆的警级来预

报警情的警度,是一种综合指数预警法;黑色预警法不引入警兆指标,只根据警情时间序列的波动规律进行预测和预报警度。新型城镇化、分配公平与经济效率的协调性预警流程如下。

(一) 确定警情和警兆指标

基于本书的研究对象,本书将新型城镇化、分配公平与经济效率的协调度 $C(UJE)_t$ 确定为反映警情的指标,将新型城镇化指数 $F(U)_t$、分配公平指数 $F(J)_t$、经济效率指数 $F(E)_t$ 确定为警兆指标。

(二) 预测警度值

1. 黄色预警法

将新型城镇化指数 $F(U)_t$、分配公平指数 $F(J)_t$、经济效率指数 $F(E)_t$ 作为警兆指标,采用机器学习方法中的支持向量回归模型预测新型城镇化、分配公平与经济效率的协调度警情指标,分析新型城镇化、分配公平与经济效率的协调性未来发展态势。

2. 黑色预警法

对于新型城镇化、分配公平与经济效率的协调度警情指标的预测,本书直接利用 ARMA 模型对其未来的发展趋势值进行预测。本书先对 $C(UJE)_t$ 进行单位根检验(采用 ADF 法),若 $C(UJE)_t$ 不是平稳性序列,则经过差分变换或者其他技术手段对其进行平稳性处理;然后通过构建 ARMA 模型,对新型城镇化、分配公平与经济效率的协调度的未来发展趋势进行预测。设预测期为 m,利用 ARMA 模型对 $C(UJE)_t$ 进行逐期预测,得到首期预测值 $\hat{C}(UJE)_{t+1}$,再利用首期预测值和 $C(UJE)_t$ 实际值对 $\hat{C}(UJE)_{t+2}$ 进行预测,依次逐步预测直到 $(t+m)$ 期。由此,我们可以判定 $\hat{C}(UJE)_{t+m}$ 的协调度类型,分析新型城镇化、分配公平与经济效率的协调性未来发展态势。

根据黄色预警法和黑色预警法的预测结果,本书取两种预测值的均值作为最终预测的警度值。

（三）划分警级并预报警度

划分预警警限等级的方法主要有多数原则、半数原则、少数原则、均数原则、众数原则、负数原则、参数原则、人数原则、专家原则和 3σ 法。每种方法的适用范围见表 7-4。

表 7-4　划分预警警限等级的方法

方　法	简　介
多数原则	预警指标在大部分年份是无警的,选 2/3 的年份的区间作为安全区间
半数原则	有一半年份是无警的,将中位数所对应的数值作为参照标准确定区间
少数原则	少数年份是无警的,取较高值或较低值的平均值作为参照标准确定区间
均数原则	取某个时间平均数作为安全区间下限
众数原则	用经济的总体平均水平作为安全区间的下限
负数原则	凡是零增长或负增长均属于有警的
参数原则	依据其他宏观经济变量的变化确定各种指标的适度标准
人数原则	不论哪一指标,其无警界限的下限是人口增长率
专家原则	参考权威人士或机构的意见
3σ 法	假设变量符合正态分布,认为大部分绝大部分年份指标是适度的

首先,观察新型城镇化、分配公平与经济效率的协调度序列的历史年份数值的特征,选择多种适合的划分警级的方法,确定多个安全底线或无警警限,通过剔除多种方法计算的警限极端值后取平均值,来确定最终的无警警限和安全区间(无警区)。其次,在有警区间内细分各个预警区间,将新型城镇化、分配公平与经济效率的协调度警区具体划分为轻警区、中警区、重警区和巨警区,通过不同颜色来表示,如分别用蓝色、绿色、黄色、橙色、红色表示新型城镇化、分配公平与经济效率的协调性程度为无警、轻警、中警、重警、巨警。最后,根据预测的协调度警度值和划分的警级,分析新型城镇化、分配公平与经济效率的协调度属于哪个区间,从而达到报警的目的。

第三节　中国新型城镇化进程中分配公平与经济效率的协调性预警实证分析
——以长江经济带 11 个省市为例

一、警情与警兆指标选择

本书研究对象为新型城镇化进程中分配公平与经济效率与社会稳定的协调性,所以本节选择第六章的计算结果——中国总体以及长江经济带 11 个省市新型城镇化、分配公平与经济效率三系统的协调度作为预警的警情指标,将新型城镇化指数 $F(U)_t$、分配公平指数 $F(J)_t$、经济效率指数 $F(E)_t$ 作为警兆指标。

二、警度值预测

(一) 支持向量回归模型

首先,将标准化后的警兆指标新型城镇化指数 $F(U)_t$、分配公平指数 $F(J)_t$、经济效率指数 $F(E)_t$ 进行数据集分割,按照 7:3 的比例,将 2000—2011 年数据作为训练集,将 2012—2017 年数据作为测试集。设定核函数三阶多项式,各参数值为:$d=3$,$C=1$,$\gamma=1$,$\varepsilon=0.0001$。SVR 模型如下:

$$\min_{\omega,\,b,\,\varepsilon,\,\hat{\varepsilon}} \frac{1}{2}\|\omega\|^2 + c\sum_{i=1}^{m}(\varepsilon_i + \hat{\varepsilon}_i)$$

$$s.t.\, f(x_i) - y_i \leqslant \epsilon + \varepsilon_i,$$

$$y_i - f(x_i) \leqslant \epsilon + \varepsilon_i,$$

$$\varepsilon_i \geqslant 0,\, \hat{\varepsilon}_i \geqslant 0,\, i = 1, 2, \cdots, m$$

核函数形式为:

$$k(x_i, x_j) = (x_i^T x_j)^d$$

采用留出法,设定随机预测次数为 100 次,取均值得到最终预测值,通过计算均方误差和准确率来评价最终预测值。

(二) ARMA 模型

由于构建 ARMA 模型的时间序列必须是平稳的,本书首先对 2000—2017 年中国总体及长江经济带 11 个省市新型城镇化、分配公平与经济效率三系统协调度进行单位根(ADF)检验,检验结果表明 12 个时间序列均为平稳性序列,可以建立 ARMA 模型预测协调值。检验结果与预测模型见表 7-5。

表 7-5 单位根检验与 ARMA 预测模型

地区	检验类型 (c, t, k)	ADF 检验值	结论	ARMA 预测模型
全国	$(c, t, 2)$	-5.044^{***}	平稳	ARMA(3, 1)
上海	$(c, 0, 0)$	-2.984^{*}	平稳	ARMA(3, 3)
江苏	$(c, 0, 0)$	-4.823^{***}	平稳	ARMA(3, 1)
浙江	$(c, 0, 0)$	-3.409^{**}	平稳	ARMA(3, 4)
安徽	$(c, 0, 0)$	-4.592^{***}	平稳	ARMA(3, 3)
江西	$(c, 0, 0)$	-3.605^{**}	平稳	ARMA(3, 4)
湖北	$(c, 0, 0)$	-4.449^{***}	平稳	ARMA(5, 4)
湖南	$(c, 0, 0)$	-4.439^{***}	平稳	ARMA(3, 2)
重庆	$(c, 0, 0)$	-5.129^{***}	平稳	ARMA(3, 1)
四川	$(c, 0, 0)$	-3.058^{**}	平稳	ARMA(3, 4)
云南	$(c, 0, 0)$	-13.137^{***}	平稳	ARMA(3, 1)
贵州	$(c, 0, 0)$	-3.838^{**}	平稳	ARMA(5, 6)

注:* 表示在该显著性水平上拒绝单位根假设;检验类型中的 c 表示带有常数项,t 表示带有趋势项,k 表示采用的滞后阶数,根据 AIC、SC 最优信息准则确定。当 ADF 检验值的绝对值超过临界值的绝对值时,则拒绝原假设,表示时间序列是平稳的。

根据以上两种方法，分别估计得到 2003—2017 年中国总体及长江经济带新型城镇化、分配公平与经济效率的协调度，并计算均值（表 7-6 和表 7-7）。以此类推，可得 2018—2020 年的预测值（表 7-8）。

表 7-6　2003—2017 年中国新型城镇化、分配公平与经济效率的协调度估计值

年份	真实值	SVM 估计值	ARMA 估计值	均值
2003	0.783 7	0.938 4	0.964 5	0.951 4
2004	0.969 6	0.943 9	0.980 2	0.962 1
2005	0.904 9	0.991 6	0.888 2	0.939 9
2006	0.993 4	0.958 4	0.940 3	0.949 4
2007	0.865 6	0.854 9	0.909 3	0.882 1
2008	0.953 4	1.000 0	0.958 9	0.979 4
2009	0.827 4	0.953 9	0.910 2	0.932 0
2010	0.991 1	0.940 2	0.956 3	0.948 3
2011	0.922 5	0.945 4	0.887 0	0.916 2
2012	0.979 6	0.952 7	0.937 2	0.945 0
2013	0.952 7	0.966 0	0.911 5	0.938 8
2014	0.981 1	0.928 1	0.931 9	0.930 0
2015	0.945 5	0.975 8	0.921 8	0.948 8
2016	0.900 9	0.953 0	0.939 2	0.946 1
2017	0.961 2	1.000 0	0.946 0	0.973 0

表7-7 2003—2017年长江经济带11个省市新型城镇化、分配公平与经济效率的协调度估计值

省市	预测值	2003	2004	2005	2006	2007	2008	2009	2010	2011	2012	2013	2014	2015	2016	2017
上海	SVR	0.94	0.97	0.91	0.86	0.94	0.93	0.91	0.97	0.97	0.96	0.92	0.99	0.96	0.95	1.00
	ARMA	0.89	0.83	0.94	0.90	0.89	0.91	0.92	0.88	0.96	0.95	0.95	0.97	0.94	0.99	0.97
	均值	0.91	0.90	0.93	0.88	0.92	0.92	0.91	0.93	0.96	0.96	0.94	0.98	0.95	0.97	0.98
江苏	SVR		0.92	0.88	0.94	0.94	0.93	0.89	0.90	0.94	0.91	0.93	0.93	0.87	0.76	0.72
	ARMA		0.95	0.88	0.86	0.86	0.92	0.86	0.99	1.02	0.89	0.94	0.90	0.90	0.96	0.95
	均值		0.93	0.88	0.90	0.90	0.92	0.88	0.94	0.98	0.90	0.93	0.92	0.88	0.86	0.84
浙江	SVR	0.99	0.98	0.99	0.97	0.98	0.97	1.00	0.98	0.98	0.97	0.99	0.98	0.98	0.97	1.00
	ARMA	0.97	0.96	0.96	0.97	0.98	0.97	0.98	0.93	0.98	0.96	0.93	0.95	0.98	0.99	0.97
	均值	0.98	0.97	0.98	0.97	0.97	0.97	0.98	0.96	0.98	0.96	0.96	0.97	0.98	0.98	0.98
安徽	SVR	0.96	0.95	0.90	0.96	0.95	0.98	0.97	0.95	0.98	0.91	0.98	0.93	0.98	0.97	0.99
	ARMA	0.97	0.96	0.89	0.98	0.97	0.93	0.92	0.89	0.83	0.84	0.85	0.97	0.99	0.98	0.91
	均值	0.96	0.96	0.90	0.97	0.96	0.96	0.94	0.92	0.91	0.88	0.91	0.95	0.99	0.98	0.95
江西	SVR	0.97	0.99	0.98	0.99	0.98	0.96	0.94	0.95	0.98	0.99	0.99	0.97	0.99	0.93	0.97
	ARMA	0.95	0.91	0.90	0.98	0.98	1.00	0.93	0.96	0.96	0.97	0.98	1.00	0.95	0.96	0.99
	均值	0.96	0.95	0.94	0.99	0.97	0.98	0.94	0.96	0.97	0.98	0.98	0.98	0.97	0.94	0.98
湖北	SVR	0.86	0.91	0.92	0.89	0.92	0.91	0.89	0.87	0.80	0.90	0.88	0.89	0.91	0.93	0.71
	ARMA	0.89	0.90	0.91	0.93	0.88	0.83	0.90	0.94	0.90	0.87	0.96	0.93	0.84	0.90	0.96
	均值	0.87	0.91	0.91	0.91	0.90	0.87	0.89	0.91	0.85	0.88	0.92	0.91	0.87	0.91	0.83

（续表）

省市	预测值	2003	2004	2005	2006	2007	2008	2009	2010	2011	2012	2013	2014	2015	2016	2017
湖南	SVR	0.84	0.95	0.88	0.93	0.89	0.92	0.96	0.94	0.97	0.80	0.96	0.97	0.85	0.89	1.00
	ARMA	0.96	0.92	0.96	0.99	0.94	0.89	0.95	0.94	0.91	0.87	0.84	0.92	1.01	0.90	0.84
	均值	0.90	0.93	0.92	0.96	0.92	0.91	0.96	0.94	0.94	0.84	0.90	0.94	0.93	0.90	0.92
重庆	SVR	0.97	0.99	0.99	0.99	0.98	0.99	0.99	0.99	0.98	0.98	0.99	0.98	0.98	0.97	0.98
	ARMA	0.98	0.96	0.99	0.97	0.98	0.97	1.01	0.99	0.98	0.96	0.99	0.97	1.00	0.99	1.00
	均值	0.97	0.97	0.99	0.98	0.98	0.98	1.00	0.99	0.98	0.97	0.99	0.98	0.99	0.98	0.99
四川	SVR			0.98	0.98	0.98	0.99	0.98	0.97	0.96	0.97	0.98	0.98	0.97	0.97	0.97
	ARMA		0.98	0.98	0.98	0.99	0.97	0.96	0.93	0.97	0.98	0.99	1.00	0.99	0.97	0.97
	均值		0.99	0.98	0.98	0.98	0.98	0.97	0.95	0.96	0.98	0.99	0.99	0.98	0.97	0.98
云南	SVR	0.87	0.97	1.00	0.95	0.92	0.97	0.97	0.94	0.91	0.90	0.89	0.93	0.96	0.96	1.00
	ARMA	1.06	0.96	1.04	0.95	0.92	0.99	1.00	1.00	0.96	0.94	0.98	0.93	0.98	0.91	0.97
	均值	0.96	0.97	1.02	0.97	0.93	0.98	0.98	0.97	0.94	0.92	0.93	0.93	0.97	0.94	0.99
贵州	SVR	0.93	0.97	0.97	0.97	0.96	0.97	0.96	0.96	0.96	0.94	0.93	0.94	0.89	0.93	0.87
	ARMA	0.84	0.85	0.89	0.89	0.93	0.94	0.95	0.94	0.95	0.90	0.87	0.92	0.93	0.92	0.93
	均值	0.89	0.91	0.93	0.93	0.95	0.96	0.95	0.95	0.95	0.92	0.90	0.93	0.91	0.93	0.90

表 7-8　2018—2020 年新型城镇化、分配公平与经济效率的协调度预测值

年份	2018	2019	2020
全国	0.920 5	0.942 9	0.929 4
上海	0.963 8	0.974 2	0.967 8
江苏	0.923 7	0.918 5	0.939 4
浙江	0.924 6	0.977 1	0.947 5
安徽	0.824 8	0.845 5	0.907 8
江西	0.976 1	0.951 8	0.970 9
湖北	0.875 4	0.846 7	0.937 9
湖南	0.819 0	0.830 8	0.914 6
重庆	0.980 4	0.993 6	0.979 7
四川	0.953 0	0.942 2	0.938 2
云南	0.984 2	0.969 4	0.971 1
贵州	0.903 2	0.913 2	0.908 8

三、警级划分与警度预报

综合比较各种警限划分方法,通过观察新型城镇化、分配公平与经济效率的协调度实际值历史数据可知,2000—2017 年中国总体及长江经济带 11 个省市三系统协调度多数年份都处于偏高状态,且基本表现为左偏(图 7-2)。因为协调度取值范围介于 0 与 1 之间,协调度越接近 1,三者协调性越大,则警度越轻。因此,少数原则和 3σ 法不适用于本书研究的协调度安全区间(最低警限)的划分。

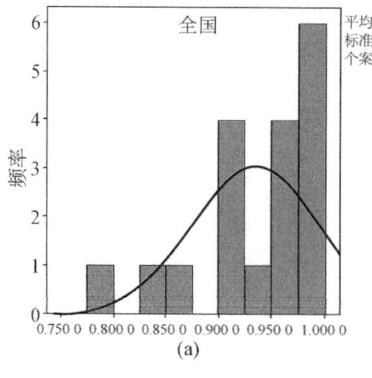

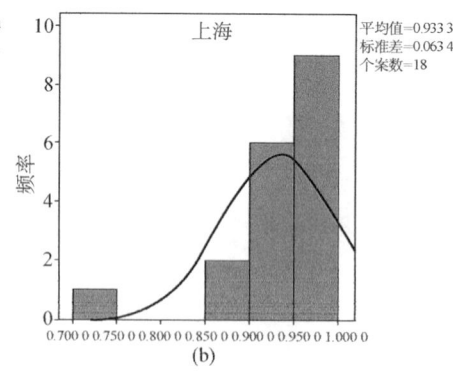

(a)　　　　　　　　　　　　　(b)

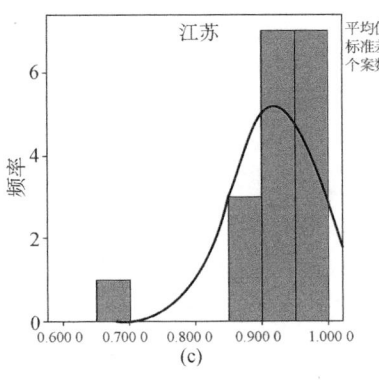

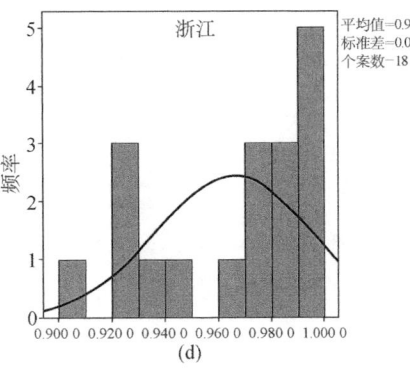

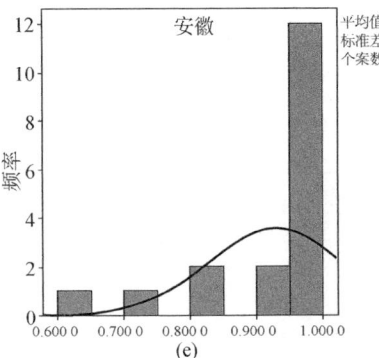

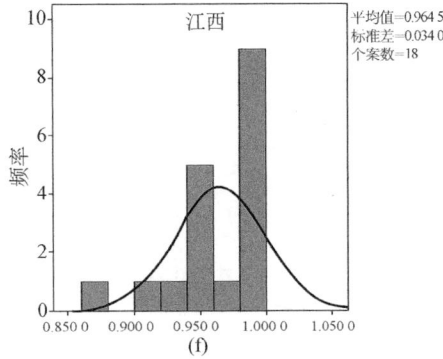

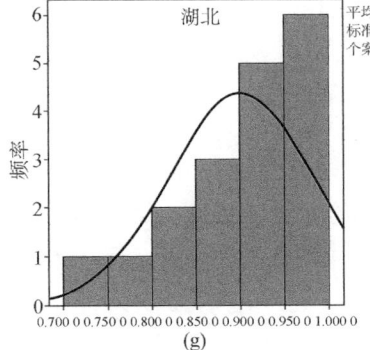

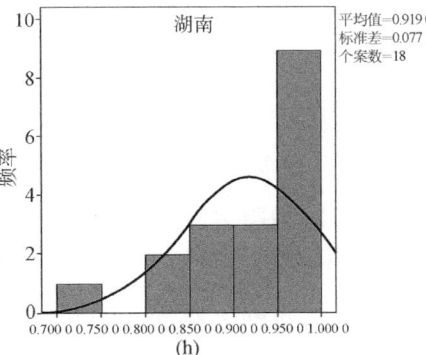

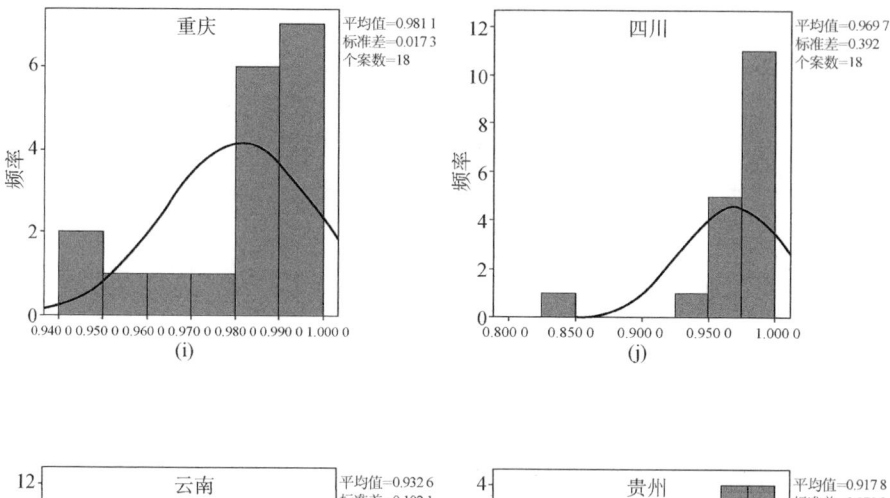

图 7-2　新型城镇化、分配公平与经济效率的协调度实际值分布图

本书采用多数原则、半数原则、均数原则等划分中国总体及长江经济带 11 个省市新型城镇化进程、分配公平与经济效率的协调度安全区间,具体方法如下:

首先,多数年份的协调度均处于偏高状态,可以视为无警或轻警区间,所以采用多数原则剔除极端值(最大值和最小值各 3 年)年份,将剩余 2/3 年份(即 12 年)协调度的实际值取平均数,得到协调度无警警限,由此可以确定新型城镇化进程、分配公平与经济效率的协调度安全区间。

其次,按半数原则将中国总体及长江经济带 11 个省市新型城镇化、分配公平与经济效率的协调度的历史值从低到高排列,找出中位数作为无警警限,按该原则确定协调度安全底线(无警警限),同样可以得到新型城镇化、分配公平与经济效率的协调度安全区间。

再次,按均数原则求出中国总体及长江经济带 11 个省市新型城镇化、分配公平与经济效率的协调度的历史值平均数并将其作为无警警限,按该原则可确定协调度安全底线,则同样可得到新型城镇化、分配公平与经济效率的协调度安全区间。

最后,将按以上三种方法得到的安全底线取平均数,即可得到新型城镇化、分配公平与经济效率的协调度的无警警限(表 7-9)。警区则按等距原则划分为无警区、轻警区、中警区、重警区、巨警区,分别表示新型城镇化、分配公平与经济效率的协调度状况为协调、略不协调、不协调、很不协调、极不协调,并分别用蓝色、绿色、黄色、橙色、红色表示协调性的程度为无警、轻警、中警、重警、巨警。

根据表 7-9 中的无警警限,本书可以得到全国及长江经济带 11 个省市新型城镇化、分配公平与经济效率的协调度各警区,具体划分情况见表 7-10。

根据表 7-10,本书将 2000—2017 年中国总体及长江经济带 11 个省市新型城镇化、分配公平与经济效率的协调度实际值与 2018—2020 年预测值进行预警区间划分,并进行警度预报,得到的结果见表 7-11。

从表 7-11 可以看出,2000—2020 年全国总体新型城镇化、分配公平与经济效率的协调度全部处于无警或轻警区间,尤其在 2000—2017 年,有 11 年时间为无警,7 年时间为轻警。这说明在中国新型城镇化进程中,全国总体分配公平与经济效率处于比较协调的状态,部分年份显示为略不协调状态。但 2018—2020 年预测值预报为轻警,表现为略不协调状态,说明近些年三者协调度有所下降,需要加以关注。

表 7-9　中国总体及长江经济带 11 个省市三系统协调度的无警警度值

地区	全国	上海	江苏	浙江	安徽	江西	湖北	湖南	重庆	四川	云南	贵州
均值	0.934	0.933	0.921	0.966	0.929	0.964	0.900	0.919	0.981	0.970	0.933	0.918
中位数	0.953	0.948	0.936	0.974	0.969	0.979	0.921	0.950	0.985	0.982	0.964	0.936
多数原则均值	0.948	0.950	0.934	0.970	0.960	0.972	0.915	0.936	0.985	0.979	0.957	0.929
无警警限	0.945	0.944	0.930	0.970	0.953	0.972	0.912	0.935	0.984	0.977	0.951	0.928

表 7-10　中国总体及长江经济带 11 个省市三系统协调预警区间

预警状态	无警区	轻警区	中警区	重警区	巨警区
全国	[0.945, 1]	[0.709, 0.945)	[0.473, 0.709)	[0.236, 0.473)	[0, 0.236)
上海	[0.944, 1]	[0.708, 0.944)	[0.472, 0.708)	[0.236, 0.472)	[0, 0.236)
江苏	[0.930, 1]	[0.698, 0.930)	[0.465, 0.698)	[0.233, 0.465)	[0, 0.233)
浙江	[0.970, 1]	[0.727, 0.970)	[0.485, 0.727)	[0.242, 0.485)	[0, 0.242)
安徽	[0.953, 1]	[0.715, 0.953)	[0.476, 0.715)	[0.238, 0.476)	[0, 0.238)
江西	[0.972, 1]	[0.729, 0.972)	[0.486, 0.729)	[0.243, 0.486)	[0, 0.243)
湖北	[0.912, 1]	[0.684, 0.912)	[0.456, 0.684)	[0.228, 0.456)	[0, 0.228)
湖南	[0.935, 1]	[0.701, 0.935)	[0.467, 0.701)	[0.234, 0.467)	[0, 0.234)

（续表）

预警状态	无警区	轻警区	中警区	重警区	巨警区
重庆	[0.984, 1]	[0.738, 0.984)	[0.492, 0.738)	[0.246, 0.492)	[0, 0.246)
四川	[0.977, 1]	[0.733, 0.977)	[0.488, 0.733)	[0.244, 0.488)	[0, 0.244)
云南	[0.951, 1]	[0.713, 0.951)	[0.475, 0.713)	[0.238, 0.475)	[0, 0.238)
贵州	[0.928, 1]	[0.696, 0.928)	[0.464, 0.696)	[0.232, 0.464)	[0, 0.232)
协调状况	协调	略不协调	不协调	很不协调	极不协调
预警信号	蓝色	绿色	黄色	橙色	红色

表 7-11 2000—2020 年中国总体及长江经济带三系统的协调度警度预报

年份	全国	上海	江苏	浙江	安徽	江西	湖北	湖南	重庆	四川	云南	贵州
2000	轻警	无警	无警	轻警	轻警	轻警	轻警	无警	轻警	轻警	中警	轻警
2001	无警	轻警	轻警	无警	无警	无警	无警	无警	无警	轻警	无警	轻警
2002	无警	轻警	无警	轻警	无警	轻警	轻警	轻警	轻警	无警	轻警	轻警
2003	轻警	轻警	轻警	轻警	轻警	轻警	无警	轻警	无警	无警	无警	无警
2004	无警	轻警	轻警	无警	中警	轻警	轻警	轻警	轻警	无警	轻警	轻警
2005	轻警	无警	中警	无警	无警	无警	轻警	无警	无警	无警	轻警	无警

（续表）

年份	全国	上海	江苏	浙江	安徽	江西	湖北	湖南	重庆	四川	云南	贵州
2006	无警	无警	无警	无警	无警	无警	无警	无警	轻警	无警	无警	无警
2007	轻警	无警	轻警	无警	无警	无警	无警	轻警	无警	轻警	无警	无警
2008	无警	无警	无警	无警	轻警	无警	无警	轻警	无警	轻警	无警	无警
2009	轻警	轻警	无警	轻警	无警	轻警	无警	轻警	无警	轻警	无警	无警
2010	无警	轻警	轻警	轻警	无警	轻警	无警	无警	轻警	无警	轻警	无警
2011	轻警	无警	无警	无警	轻警	无警	轻警	无警	无警	轻警	无警	轻警
2012	无警	无警	无警	轻警	轻警	轻警	无警	轻警	轻警	无警	轻警	轻警
2013	无警	无警	无警	轻警	轻警	轻警	轻警	轻警	轻警	无警	无警	无警
2014	无警	轻警	轻警	无警	无警	无警	轻警	无警	无警	无警	轻警	轻警
2015	无警	无警	轻警	无警	无警	无警	轻警	无警	无警	轻警	轻警	无警
2016	轻警	无警	无警	无警	无警	轻警	轻警	无警	轻警	无警	无警	轻警
2017	无警	轻警	无警	轻警	无警	无警	无警	无警	无警	无警	无警	轻警
2018	轻警	无警	轻警	轻警	轻警	无警	轻警	轻警	轻警	轻警	无警	轻警
2019	轻警	无警	轻警	无警	轻警	轻警	轻警	轻警	无警	轻警	无警	轻警
2020	轻警	无警	无警	轻警	轻警	轻警	无警	轻警	轻警	轻警	无警	轻警

从长江经济带 11 个省市的地区差异来看,2000—2020 年大部分省份三系统协调度处于无警或轻警区间,但江苏、安徽、云南的三系统协调度分别在 2005 年、2004 年、2000 年处于中警区间,表现为不协调状态。再从东、中、西部区域划分看,东部长三角地区协调度最高,上海有 13 年处于无警区间(包括预测值),浙江和安徽均有 12 年处于无警区间;而中部地区的江西、湖南、湖北均有 11 年处于无警区间;西部地区的云南三系统协调度最高,有 13 年处于无警状态,贵州三系统协调度最低,只有 9 年处于无警状态,西部地区平均无警年份为 11 年,与中部地区持平。总之,从地区分布可以看出,上海和重庆 2 个直辖市在新型城镇化进程中分配公平与经济效率的协调性较好,2000—2020 年有近 2/3 年份处于无警状态,而中部地区三系统的协调性总体表现较差,西部地区的贵州三系统协调性表现最差。

从纵向视角看,2006 年、2017 年三系统协调性最高,2006 年只有重庆处于轻警区间,其他地区都处于无警区间;2017 年上海和贵州处于轻警区间,其他地区均处于无警区间,表现为协调状态。2000 年、2004 年三系统协调性最低,均有省份处于中警区间;2000 年,上海、江苏和湖南处于无警区间,三系统表现为协调状态,云南处于中警区间,表现为不协调状态,其他地区均处于轻警区间,说明三系统表现为略不协调状态;2004 年,浙江和四川处于无警区间,三系统表现为协调状态,安徽处于中警区间,表现为不协调状态,其他地区均处于轻警区间,表现为略不协调状态。

从 2018—2020 年预测的情况看,2018 年、2019 年平均每年有 3 个省份预报为无警状态,其他 8 个地区均预报为轻警状态,说明长江经济带大部分地区新型城镇化进程中分配公平与经济效率处于略不协调状态。2020 年三系统协调性略有上升,4 个省市预报为无警状态,其他 7 个地区预报为轻警状态。

第八章 研究结论与政策建议及未来研究展望

第一节 研究结论

在充分吸收国内外大量文献的基础上,本书通过对新型城镇化、分配公平、经济效率以及三者协调性内涵界定、判断标准辨析、指标体系构建、作用机制分析、测度方法探讨,以及基于综合指数法与问卷调查法的三者协调性现状分析,尝试构建三者协调性测度方法和预警机制,并对中国总体及长江经济带11个省市新型城镇化进程中分配公平与经济效率的协调性进行实证的测度与预警分析。

1. 新型城镇化、分配公平、经济效率以及三系统协调性的内涵及判断标准界定

新型城镇化是指农村人口向城镇人口转变的过程,包括农村人口向城镇迁移和农村人口在本地城镇化两种转变方式,其中蕴含了土地的城镇化,即土地性质从乡村转变为城镇,还包括人们生活理念、生活方式和消费方式等的城镇化。判断一个国家或地区新型城镇化的进程,可以从人口学、地理学、经济学和社会学等角度去综合研究。这不仅要考量其人口城镇化和土地城镇化的程度,还要考察其产业结构、人口生活和消费方式的转变程度,并主要体现在人口城镇化、土地城镇化和生活方式城镇化等方面。分配公平,是指在资源配置过程中形成的人与人之间的平等与合理对待的社会关系,将分配起点公平、分

配过程公平和分配结果公平作为判断分配公平与否的标准。经济效率的考量则是从生产和资源配置两个角度对其内涵进行剖析，并将是否有利于生产效率提高和配置效率帕累托最优作为判断标准。本书将新型城镇化进程中分配公平与经济效率的协调性内涵界定为分配公平与经济效率在新型城镇化进程中彼此和谐一致、配合得当、相互适应的程度，也称协调度。新型城镇化进程中分配公平与经济效率的协调性是新型城镇化、分配公平与经济效率三个系统之间的一种动态平衡。

2. 新型城镇化、分配公平、经济效率指标体系构建与指数分析

本书依据科学性原则、全面性原则、代表性原则、可行性原则、主客观指标相结合原则，构建新型城镇化指数、分配公平指数与经济效率指数的客观指标体系，三个子系统指标群共设置 12 个二级指标、34 个三级指标。同时，本书以量表的形式设计了新型城镇化、分配公平与经济效率协调性的主观评价指标体系。

在构建评价指标体系的基础上，本书根据 1997—2017 年中国总体及长江经济带 11 个省市的数据，采用因子分析法，计算中国总体及 11 个省市的新型城镇化指数、分配公平指数与经济效率指数。从三类指数情况看，1997—2017 年全国新型城镇化指数、分配公平指数、经济效率指数总体水平都表现为逐渐增长的趋势，分配公平指数与经济效率指数比新型城镇化指数呈现更大波动幅度，表现为曲折式上升。1997—2008 年，新型城镇化进程与经济效率发展趋势较为协调，而分配公平则往反方向发展，表现得较不协调。2008—2017 年，分配公平指数由降转升，三者发展方向较为一致，表现得较为协调；在此期间，长江经济带 11 个省市新型城镇化指数与中国总体新型城镇化指数的发展趋势一致，都呈平稳的近似线性增长。从分配公平指数看，浙江、湖南和重庆三省市呈下降走势，上海、江苏、安徽、江西、湖北、贵州、四川和云南等均呈波动式上升；从经济效率指数看，所有地区均呈小幅波动上升的态势。

3. 新型城镇化、分配公平与经济效率的相互作用机制分析

从定性分析视角,分配公平与经济效率既相互促进又相互制约,两者的关系又可以体现为库兹涅茨倒"U"型理论。人力资本理论、委托代理理论、"职工持股计划"和分享经济理论都体现了分配公平与经济效率的关系。随着城镇化进程的推进,城镇化了的农村人口收入水平得到提高,从而促进了分配公平程度的提高;同时,随着分配公平程度的提高,城乡收入差距缩小,城镇对农村人口的吸引力大大减弱,从而阻碍了城镇化的进程。在城镇化进程中,有研究表明首位城镇生产集中度与资源配置效率之间存在显著的倒"U"型关系;经济效率和资源配置效率的提高,使得城镇更具吸引力,使得更多的国家财政资源配置到农村地区,从而加快了城镇化的进程。

本书通过建立 VAR 模型,对新型城镇化、分配公平与经济效率三系统相互作用机制进行定量分析,观察 VAR 系统的脉冲响应函数和方差分解,较好地验证了前面的定性分析结果:①当分配公平指数受到某一正向冲击后会给新型城镇化指数带来非常微弱的负向影响,给经济效率指数带来显著的负向影响;②经济效率指数的某一正向冲击会给分配公平指数带来微弱的短期负向影响和长期正向影响,而给新型城镇化指数带来持续稳定的较为显著的正向作用;③新型城镇化指数受到某一正向冲击后,给分配公平指数带来持续增长的正向影响,而对经济效率指数的影响存在拐点,短期看的是带来逐渐减弱的正向作用,长期看则是逐渐增强的负向作用。

4. 新型城镇化、分配公平与经济效率的协调性民意调查分析

全国居民样本普遍认为城镇化进程、分配公平与经济效率的协调性较低,相比之下,他们认为新型城镇化与经济效率的协调性较高,新型城镇化与分配公平的协调性最低。从地区差异来看,新型城镇化、分配公平与经济效率两两之间、三者协调性的民意评分曲线基本一致,东部地区各省份之间居民的协调性评分差异小于中部和西部地区各省份之间居民的协调性评分差异;长三角地区居民对协调性评分高于

珠三角地区,其中,上海居民对协调性的评分较高,他们认为新型城镇化与经济效率的协调性最高。

从协调性的影响因素看,分配规则公平、城乡收入差距、城乡融合度对三者协调性评分具有显著的正向效应,地区因素、受教育程度和住房类型的改变加强了城乡收入差距、城乡融合度对协调性评分的作用效应。医疗、教育等公共产品的改善,能源浪费的减少和民众节能意识的提高均对三者协调性评分具有显著的促进作用;而物价上涨、行政问责不规范、资源配置垄断等对协调性评分具有抑制作用。

5. 新型城镇化、分配公平与经济效率的协调性测度

系统协调性测度方法常见的有距离协调度模型、变化协调度模型、逼近理想点法、灰色关联分析法、功效系数法、耦合协调度模型和隶属函数协调度模型等。本书借助隶属函数协调度模型,构建了新型城镇化进程、分配公平与经济效率协调性测度的方法,并对1997—2017年中国总体及长江经济带11个省市新型城镇化进程、分配公平与经济效率的协调性进行测度。协调性状况如下:

(1)中国总体新型城镇化进程、分配公平与经济效率三系统协调度要高于两两系统之间的协调度,且三系统协调度主要受新型城镇化与分配公平协调度影响较为显著,而新型城镇化与经济效率协调度和分配公平与经济效率协调度的变化趋势较为相似。

(2)长江经济带11个省市中,重庆三系统协调性最高,四川次之,湖北协调性最低;西部的贵州、中部的湖南和东部的江苏也属于协调性较低的区域。

(3)从时间维度上来看,2000—2017年长江经济带新型城镇化、分配公平与经济效率三系统协调性的整体呈“过山车”式大幅波动,阶段变化显著。三系统协调度的峰值主要出现在2001年、2006年和2017年,谷值主要出现2000年、2004年和2012年,其中,2006年最高,2004年最低。

(4)新型城镇化与分配公平的协调度均值峰值主要落在2017年,

最大值较多年份主要集中在重庆和上海；新型城镇化与经济效率的协调度均值峰值主要落在 2013 年，最大值较多年份主要分布在重庆、四川、湖南、湖北和安徽；分配公平与经济效率的协调度均值峰值主要落在 2014 年，最大值较多年份主要集中在重庆、云南、江西和浙江。

6. 新型城镇化、分配公平与经济效率的协调性预警

本书通过比较国内外预警的方法与模型，着力构建新型城镇化进程中分配公平与经济效率的协调性预警机制，并主要从界定警义、确定警情（预警对象）、寻找警源（警情的产生根源）、选定警兆、预测警度值、确定警限、划分警区、预报警度等过程来构建。本书将三系统协调度作为警情，采用黑色预警法和黄色预警法，利用 ARMA 模型和 SVR 模型对三系统的协调度未来发展水平进行预测，并采用多数原则、半数原则、均数原则、等距原则等划分警级。根据预测的警度值和划分的警级进行报警，得到的主要结论如下：

（1）2000—2020 年全国总体新型城镇化进程、分配公平与经济效率的协调度全部处于无警或轻警区间，尤其在 2000—2017 年有 11 年时间为无警，但 2018—2020 年预测值均预报为轻警，表现为略不协调状态。

（2）2000—2020 年长江经济带大部分省份三系统协调度处于无警或轻警区间，但江苏、安徽、云南三系统协调度分别在 2005 年、2004 年、2000 年处于中警区间，表现为不协调状态。

（3）从东、中、西部地区差异看，上海和重庆 2 个直辖市在新型城镇化进程中分配公平与经济效率的协调性较好，2000—2020 年有近 2/3 年份处于无警状态；东部长三角地区协调度最高，而中部地区协调度较低，西部地区的贵州协调度最低。

（4）从纵向视角看，2006 年、2017 年三系统协调性最高，2000 年、2004 年三系统协调性最低；从 2018—2020 年预测的情况看，2018 年、2019 年平均每年有 3 个省份预报为无警状态，2020 年无警状态省份上升为 4 个。

第二节 政策建议

《国家新型城镇化规划(2014—2020年)》明确指出,城镇化必须进入以提升质量为主的转型发展新阶段。党的十九大报告提出建立健全城乡融合发展体制机制和政策体系。2020年11月,《中共中央关于制定国民经济和社会发展第十四个五年规划和二〇三五年远景目标的建议》把坚持"以人为本"的新型城镇化建设再提到一个全新高度。城镇化率与居民收入水平、经济发展水平密切相关,新型城镇化是扩大内需、拉动经济增长的重要抓手。因此,中国在新型城镇化进程中,协调好分配公平与经济效率的关系,为积极应对以国内大循环为主体、国内国际双循环相互促进的新发展格局具有重要的现实意义。如何推进新型城镇化、分配公平与经济效率的协调发展,处理好三系统关系,是个跨领域问题。本书基于系统协同理论的思想,从促进三系统协调发展的政策入手,结合国家"十四五"时期发展规划与新型城镇化的建设要求,就如何在推进新型城镇化进程中促进分配公平与经济效率的协调发展提出政策建议。

一、推进新型城镇化的政策选择

(一)以人为核心的高质量新型城镇化

当前,面对中美贸易摩擦和新冠肺炎疫情的挑战,在构建新发展格局的背景下,坚持以人为本的新型城镇化建设意义深远。习近平总书记指出,推进城镇化的首要任务就是促进有能力的城镇稳定就业和生活的常住人口有序实现市民化。以人为核心的城镇化,具体来说不仅要提高城镇户籍人口比重,解决没有户籍的常住人口的城镇户籍问题,而且还要促进已经完成城镇化人口的生活方式和消费方式的城镇化。比如,进一步推进户籍制度改革,不同城市和区域视发展目标制定符合本地区的户籍政策,尽快放开户籍限制,让有能力在城镇稳定就业和生活的常住人口可以通过相关的机制体制转换为拥有城镇户籍的城镇人口。超大和特大城市应进一步加大高端人才引进力度和放开应届毕业生的户籍限制,尤其是对从事"三新"经济行业的紧缺人才。

此外,国家应积极促进转移人口生活方式和消费方式的转变,加大城市空间开发,加大基础设施、教育、医疗等公共资源和公共服务投入,完善社会保障体系、司法系统等,保障所有居民公平享受城市公共资源;调整产业结构,培育城镇化新动能,以高质量新型城镇化发展促进居民收入水平提高,引导居民在消费结构、生活方式上进行调整,从而促进国内大循环体系发展,解决经济增长动力不足和经济效率不高问题。

(二)空间格局优化与城镇化分层推进

空间格局是影响新型城镇化发展质量的重要因素之一。从国土空间角度,城镇化就是农业空间和生态空间转化为城镇化空间的过程。空间格局优化就是以提高国土空间利用效率和形成高质量发展动力为导向,解决新型城镇化进程中发展不协调的问题,发挥城市群、都市圈的中心城市引领和示范作用、带动和辐射功能,促进大中小城市和小城镇协调发展,构建高质量的城镇空间网络,形成"城市群、都市圈、中心城市、大中小城市、小城镇"多层级协调发展的城镇化空间格局。一要完善城镇的规划建设,提高空间承载力和土地利用效率,提高土地单位面积人口密度和经济活动密度;二要促进空间均衡协调发展,统筹考虑城镇化建设与区域发展总体战略、人口经济布局与资源环境协调发展,促进城乡均衡与地区协调;三要优化城市规模体系,构建高质量的城镇空间网络,充分发挥大城市的集聚经济效应、中小城市的规模借用效应和小城镇的城乡协同效应。

新型城镇化可实行分层分级推进。一是人口密度高、经济活动密集和土地承载力较强的城市群,如京津冀地区、长江经济带、长三角地区和珠三角地区的城镇化建设以提质增效为主,对标国际著名城市群标准,着力完善国际大都市城市功能,促进产业结构升级和现代服务业内涵式发展,提高城市和生活品质等。二是大城市周边的都市圈,通过中心城市的辐射与集聚效应,形成中心城市与周边地区之间共建共享基础设施与公共服务,深化户籍制度改革,如在都市圈内户口和居住证等实现互通互认等,实现同城化发展,为城市群高质量发展提供重要支撑。三是中心城市应集中力量打造成国际国内卓越城市,增强中心城市的创新能力、经济活力和开放程度,着力发展现代服务业,促进产业结构高端化与产业交叉融合,充分发挥中心城市的引领和辐射作用,实现与周边城市的协同发展。四是中小城市应积极探索专业性发展模式,借用大城市的规模效益,对接中心城市的功能及产业转移,聚焦重点产业发展特色,创造就业机会吸引人口要素集聚,走专业化城镇化道路。五是小城镇作为城市与乡村的纽带,应以发展特色、规范集约为重点,推进特色小镇与城市、乡村的协调融合发展。

(三) 促进城乡融合与区域协调发展

中国的城乡分割与城乡收入差距一直影响着城镇化的进程,因此城乡融合发展就是要以缩小城乡收入差距、促进城乡一体化为目标,以促进农民增收和农业经济效率提高为核心,打破城乡二元结构,加速城乡产业融合,城乡共建共享基础设施和公共服务,使城乡基础设施和公共服务均等化,促进城乡均衡、协调、高质量发展。一是以产业融合促城乡融合。健全农村现代化产业体系,加快转变农业生产经营方式,探索生态旅游资源开发,培育农村新业态和新动能,促进农村一二三产业融合和城乡融合,提升产业布局平衡性和协调性,促进农业生产效率和农民增收。二是以制度创新促城乡融合。放宽落户限制,建立健全住房保障体系,实现同城同待遇,激发农业转移人口市民化带来的人口红利;从机制体制上破除城乡要素流动障碍,在资本、科研、人力资源等入乡方面提供专门的政策通道,为城乡融合提供资源要素支撑。三是以文化意识渗透促城乡融合。引导和培养转移人口的市民意识,转变其生活方式、消费观念和文化理念,加快转移人口本地化、市民化,促进城乡文化融合。四是以城乡一体化的基础设施和公共服务体系保障城乡融合。各区域因地制宜制定规划、配置资源,建设联接城乡的交通基础设施,健全公共服务体系,确保城乡居民享受公共资源均等化。

区域协调应包括交通协调、产业协调、社会治理协调、公共服务共享协调等。区域协调发展应制定城市群、都市圈内统一的政策与规划,破除行政分割;做好顶层设计,由不同层级的城市群、都市圈政府部分承担制定相关政策、规划和制度。

二、促进分配公平的政策选择

(一)深化收入分配制度改革

收入分配制度是经济社会发展中一项根本性、基础性的制度安排,是社会主义市场经济体制的重要基石。自改革开放以来,我国收入分配制度改革不断推进,但在收入分配领域仍存在一些亟待解决的突出问题,城乡区域发展差距和居民收入分配差距依然较大,收入分配秩序不规范,隐性收入、非法收入问题比较突出,部分群众生活比较困难。党的十九届五中全会通过《中共中央关于制定国民经济和社会发展第十四个五年规划和二○三五年远景目标的建议》,提出到2035年我国人均国内生产总值达到中等发达国家水平,中等收入群体显著扩大,基本公共服务实现均等化,城乡区域发展差距和居民生活水平差距显著缩小;要不断提高人民收入水平,完善按要素分配政策制度,多渠道增加城乡居民财产性收入,强化就业优先,健全就业服务体系,注重缓解结构性就业矛盾;改善人民生活水平,以提高收入水平和稳定扩大就业为主,以经济发展为就业导向,强化技能型、创新型、复合型人才培育高端服务业的发展,推动人力资源服务业的发展以实现人才资源的优化配置。[1]

京、沪、深等城市要加快推进收入分配体制改革,更加完善财政、金融等各种政策杠杆和措施,加大收入分配的调节力度,践行"人人都有人生出彩机会、人人都能有序参与治理、人人都能享有品质生活、人人都能切实感受温度、人人都能拥有归属认同"的人民城市建设理念。

(二) 大力规范收入分配秩序

规范收入分配秩序,取缔非法灰色收入,增加低收入者收入,调节过高收入,促进收入信息公开透明。合理界定收入分配中政府权力、个人权力与市场权力的范围,坚决取缔非法灰色收入,抑制政治权力的扩张与滥用,减少权力寻租和腐败行为的发生,逐步缩小政治资本对收入分配差距的影响。深入治理商业贿赂,严打权力寻租、官商勾结、贪污腐败、走私贩私、内幕交易、操纵股市等非法活动,维护市场公平,尽可能使权力因素退出初次分配。针对分配领域的同工不同酬、滥发奖金福利、不分行业收入畸高、灰色收入规模较大等问题,尤其在清理规范国有企业和机关事业单位工资外收入、非货币性福利等方面,应加大规范力度。加快建立包括公民个人资料、收入、财产、住房等信息在内的收入信息数据库,建立个人支付结算体系,推进居民固定账号信用卡或支票结算制度,推动交易电子化。如果每个人的收入及家庭负担情况都"晒在阳光下",那么灰色收入、非法收入将无所遁形,逃税漏税则失去空间。

(三) 继续完善初次分配机制

继续完善劳动、资本、技术、管理等要素按贡献参与分配的初次分配机制,促进就业机会公平,完善税费减免和公益性岗位培训补贴等

---

① http://www.china-cer.com.cn/guwen/202009038077.html.

政策,促进高校毕业生、农村转移劳动力、城镇困难人员、退役军人就业;支持自主创业,完善自主创业者小额担保贷款、财政贴息等政策;完善和落实事业单位公开招聘制度,在国有企业全面推行分级分类的公开招聘制度,切实做到信息公开、过程公开、结果公开;促进中低收入职工工资合理增长,建立反映劳动力市场供求关系和企业经济效益的工资决定及正常增长机制;完善工资指导线制度,建立统一规范的企业薪酬调查和信息发布制度;落实新修订的《中华人民共和国劳动合同法》,依法保障不同劳动者的同工同酬权利;完善机关事业单位工资制度,建立公务员和企业相当人员工资水平调查比较制度,调整优化工资结构,提高基本工资占比;多渠道增加居民财产性收入,拓宽居民租金、股息、红利等增收渠道,同时推进利率市场化改革,适度扩大存贷款利率浮动范围,保护存款人权益。

(四)加快健全再分配调节机制

加快健全以税收、社会保障等为主要手段的再分配调节机制,健全公共保障体系,促进教育公平,保障医疗、就业和社会资源共享的公平。加大税收调节力度,改革个人所得税,完善财产税,推进结构性减税,减轻中低收入者和小型微型企业税费负担,形成有利于结构优化、社会公平的税收制度。

国家应加大促进教育公平力度。教育作为准公共产品,由于其正外部性,受教育个人也会因教育而受益。一般来说,受教育程度越高,个人收益的比重就会越大。因此,政府应承担起保证每个公民平等享受教育机会的责任,应合理配置教育资源,重点向农村、边远、贫困、民族地区倾斜;全面落实九年义务教育免费政策,严格规范教育收费行为。在非义务教育阶段,国家应保证学生享有平等的受教育机会。在入学机会方面,学校应具有同一尺度,不能因人而异、有所歧视。

优化税制,改革税种,加强税源监控,完善税收调节体系。加强个人所得税调节,完善高收入者个人所得税的征收、管理和处罚措施,建立健全个人收入双向申报制度,依法做到应收尽收;改革完善房地产税等,完善房产保有、交易等环节税收制度,逐步扩大个人住房房产税改革试点范围;扩大资源税征收范围,提高资源税税负水平;合理调整部分消费税的税目和税率,将部分高档娱乐消费和高档奢侈消费品纳入征收范围;建立税源监控机制,强化税收征管措施,通过建立税源监控机制、加大对偷逃税行为的处罚力度等,尤其是对高收入群体的税源进行有效监控,堵塞税收征管中存在的税收漏洞。

三、提高经济效率的政策选择

(一) 规范市场秩序,打破垄断,提升经济活力

整顿和规范市场秩序,完善市场管理制度,加大行政执法力度,提高市场管理水平。尤其在食品、药品市场开展专项整治,加大执法力度,严格规范食品、药品的生产和经营行为,积极推进食品、药品安全监管长效机制建设。同时,加快社会信用体系建设,形成以道德为支撑、以产权为基础、以法律为保障的社会信用制度,这是规范市场经济秩序的治本之策。我国国民经济的市场化程度还有待提高,特别是在进一步打破部门及行业垄断、建立开放的市场体系方面。打破行政垄断、行业垄断和经济垄断,鼓励市场公平竞争,激发企业创新能力,提升经济活力。

(二) 加快产业结构升级和城镇居民消费升级,扩大经济规模

中国目前仍未摆脱二元经济的特征,农业部门与非农业部门的劳动生产率与工资收入依然存在较大差距,农村和城镇居民在收入和消费上处于差距较大的两个层次,同时城市内二元结构加剧。因此,我们需要"打开两个空间",即城市居民消费结构和产业结构升级为非农产业和城镇化发展打开空间,非农产业和城镇化发展为农民增收打开空间。推进产业结构转型和优化空间布局,增加就业机会和提高就业质

量,激发城镇创新活力,提高城镇生产率,吸纳农村人口向城镇流动。城镇居民消费结构的升级可带动产业结构的升级和整体经济规模的扩大;经济规模扩大在为城镇居民增加就业机会的同时,也为农民进入非农产业和城市提供机会,并成为农民增收的主要来源;而农民收入提高又会增加中低档消费品的需求,拉动相应产业的增长,提高城镇居民的收入并促进其消费结构升级,从而使整个国民经济进入良性循环。

京、沪、深等城市要瞄准全球资源配置、科技创新策源、高端产业引领、开放枢纽门户四大功能定位,以京津冀协同发展、长三角区域高质量一体化和粤港澳大湾区建设为契机,在畅通国内经济大循环与扩大国际经济大循环上打通堵点、解决难点,进一步提升经济发展能级和效率。

(三)坚持科技创新,提升城市生产率和创新活力

完善科技创新体制机制,强化国家战略科技力量,提升企业技术创新能力,激发人才创新活力,培育形成创新发展的合力,加强科创协同,积极布局建设国家级科创中心和区域性科创园区。加强基础学科建设,推进学科交叉融合,优化科研资源配置,搭建科技创新信息交流平台。推进产学研深度融合,鼓励企业加大研发投入,完善人才培养机制,提倡分层分类人才培养模式。鼓励和扩大科研自主权,加强知识产权保护,提升科研人员生活与福利保障,促进科研开放合作。各级政府应加强组织和规划,坚持把科技进步和创新作为重要支撑;加强自主创新,提高经济发展质量和效益;加快经济结构的优化调整;坚持走新型工业化道路。

第三节　未来研究展望

本书关于新型城镇化、分配公平与经济效率的协调性研究还只是

初步的，对新型城镇化、分配公平与经济效率的协调性内涵界定与判断标准、作用机制、测度与预警、协调性的影响因素等方面还有待进一步探索。未来的研究将主要集中在以下几方面：

（1）新型城镇化、分配公平与经济效率的协调性内涵与判断标准有待进一步细化和完善。本书在吸收和借鉴国内外学者观点、中央有关文件精神的基础上，界定了新型城镇化、分配公平与经济效率的协调性内涵，提出新型城镇化进程中分配公平与经济效率的协调性判断标准，具备一定的逻辑性、合理性和科学性。但是这仍有待理论界的批评与实践的检验，同时随着时空变化，新型城镇化进程中分配公平与经济效率协调性的内涵和判断标准也需要作相应的修正和完善。

（2）新型城镇化、分配公平和经济效率的指标体系有待修改与丰富。本书构建了新型城镇化指标体系、分配公平指标体系、经济效率指标体系，具体涉及 34 个指标，有广泛的覆盖面和较强的代表性。但是考虑到指标的代表性原则，以及具体指标数据的可获得性和可操作性，有些具有实际经济与社会含义的指标无法涵盖在指标体系中，所以对评价指标体系的修正也需要在以后的研究中进一步修改与丰富。

（3）新型城镇化、分配公平与经济效率的相互作用机制有待进一步挖掘。本书主要通过建立 VAR 模型对新型城镇化、分配公平与经济效率的相互作用机制进行定量分析，未来研究可以尝试利用各个子系统内部的影响变量作交互影响分析，从更细分的视角挖掘新型城镇化、分配公平与经济效率的两两作用机制，还可以借助博弈理论来对三者的相互作用机制进行定性分析。这将是以后研究中的一项主要内容。

（4）新型城镇化、分配公平与经济效率的协调性的影响因素有待挖掘研究。本书利用调查数据，采用偏比例优势模型对居民关于三者协调性的主观感受度的影响因素进行挖掘。后续的研究可采用不同地区的数据，对三者客观协调度的影响因素进行挖掘。

（5）新型城镇化、分配公平与经济效率的协调性测度方法有待进一步探讨。如何解决新型城镇化、分配公平与经济效率的协调性测度方法，是目前理论研究的薄弱环节。本书利用隶属函数模型测算了新型城镇化、分配公平与经济效率的协调性，并对中国总体及长江经济带11个省市新型城镇化、分配公平与经济效率的协调性现状进行客观分析。基于系统协调性的测度模型比较研究，还可以利用多种方法和模型来定量测度三者的协调性，所以致力于利用各种模型和方法对三者协调性进行测度，并对其多种测算结果进行比较分析，将是未来进一步研究的重点方向。

参 考 文 献

［1］DUTT P，MITRA D. Inequality and the instability of polity and policy［J］. The Economic Journal，2008，118(531):1285-1314.

［2］BOLTON G E，OCKENFELS A. Inequality aversion，efficiency and maximin preferences in simple distribution experiments: comment［J］. American Economic Review，2006，96(5): 1906-1910.

［3］田国强.和谐社会构建与现代市场体系完善［J］.经济研究,2007 (3):130-141.

［4］BARRO R J. Inequality and growth in a panel of countries［J］. Journal of Economic Growth，2000，5(1):5-32.

［5］DUSTIN C，SHATAKSHEE D. Convergence in income distributions: evidence from a panel of countries［J］. Economic Modelling，2016(59):262-270.

［6］JENNINGS F B. How efficiency/equality tradeoffs resolve through horizon effects［J］. Journal of Economic Issues，2005， 39(2):365-370.

［7］GALOR O，TSIDDON D. Income distribution and growth: the kuznets hypothesis revisited［J］. Economics，1996，63(250): 103-117.

［8］CHANG J Y，RATI R. Level of development，rate of economic growth，and income inequality［J］. Economic Development and

Cultural Change，2000，48(4):787-799.

[9] DANIEL A T, ALFONSO D M, JULIO M G. Regional inequality and economic development in Spain, 1860-2010[J]. Journal of Historical Geography，2016(54):87-98.

[10] MARKUS B, DANIEL L. Inequality and Economic Growth — The Role of Initial Income[C]. Policy Research Working Paper，Middle East and North Africa Region Office of the Chief Economist，2018(6).

[11] GALOR O, ZEIRA J. Income distribution and macroeconomics [J]. Review of Economics Studies，1993(60):35-52.

[12] CÁSSIO N B, JEVUKS M A, ANDREA F S, et al. Effects of income inequality on the economic growth of Brazilian states: An analysis using the cointegrated panel model[J]. International Journal of Social Economics，2018，45(3):548-563.

[13] KENNEDYA T, SMYTHB R, VALADKHANIC A, et al. Does income inequality hinder economic growth? Evidence using Australian taxation statistics[J]. Economic Modelling，2017 (65):119-128.

[14] 钞小静,沈坤荣.城乡收入差距、劳动力质量与中国经济增长[J]. 经济研究,2014(6):30-43.

[15] MARRERO G A, RODRÍGUEZ J G. Inequality of opportunity and growth[J]. Journal of Development Economics，2013(104): 107-122.

[16] 刘勇,白小滢,邹薇.初始财产和内在能力的匹配与收入不平等 [J].经济研究,2012,47(S2):69-80.

[17] 郭凯明,张全升,龚六堂.公共政策、经济增长与不平等演化[J].经济研究,2011,46(S2):5-15.

[18] 米增渝,刘霞辉,刘穷志.经济增长与收入不平等:财政均衡激励

政策研究[J].经济研究,2012(12):43-54.

[19] 陈享光.论建立公平与效率协调统一的收入分配制度[J].经济理论与经济管理,2013(1):20-26.

[20] 蔡继明.中国城乡比较生产力与相对收入差别[J].经济研究,1998(1):13-21.

[21] YANG D T. Urban-biased policies and rising income inequality in China[J]. American Economic Review Papers and Proceedings,1999(5):306-310.

[22] CHEN A. Urbanization and disparities in China:challenges of growth and development[J]. China Economic Review,2002(13).

[23] 陆铭,陈钊.城市化、城市倾向的经济政策与城乡收入差距[J].经济研究,2004(6):50-58.

[24] 张明斗,王雅莉.城市化运行模式转变于城乡收入差距收敛研究[J].经济系统改革,2015(5):11-16.

[25] 吕世斌.城市化会减少中国的收入差距吗[J].统计研究,2016,33(1):87-94.

[26] 程开明,李金昌.城市偏向、城市化与城乡收入差距的作用机制与动态分析[J].数量经济技术经济研究,2007(7):116-125.

[27] 向书坚,许芳.中国的城镇化和城乡收入差距[J].统计研究,2016,33(4):64-70.

[28] BRANTLEY L. Urbanization and inequality/poverty[J]. Urban Science,2017,35(1):1-7.

[29] 丁志国,赵宣凯,赵晶.直接影响与空间溢出效应:我国城市化进程对城乡收入差距的影响路径识别[J].数量经济技术经济研究,2011(9):118-130.

[30] 阮杨,陆铭,陈钊.经济转型中的就业重构与收入分配[J].管理世界,2002(11):50-56.

[31] 万广华.城镇化与不均等:分析方法和中国案例[J].经济研究,

2013(5):73-86.

[32] 孙敬水,蔡培培.社会流动与居民收入分配公平满意度[J].北京工商大学学报(社会科学版),2019(3):107-116.

[33] 沈坤荣,蒋锐.中国城市化对经济增长影响机制的实证研究[J].统计研究,2007(6):9-15.

[34] 吴福象,刘志彪.城市化群落驱动经济增长的机制研究——来自长三角16个城市的经验证据[J].经济研究,2008(11):126-136.

[35] 程开明.城市化、技术创新与经济增长——基于创新中介效应的实证研究[J].统计研究,2009(5):40-46.

[36] 中国经济增长与宏观稳定课题组.城市化、产业效率与经济增长[J].经济研究,2009(10):4-21.

[37] 中国经济增长前沿课题组.城市化、财政扩张与经济增长[J].经济研究,2011(11):4-20.

[38] JEDWAB R, CHRISTIAENSEN L, GINDELSKY M, et al. Demography, urbanization and development: rural push, urban pull and … urban push? [J]. Journal of Urban Economics, 2017(98):6-16.

[39] BERTINELLI L, STROBL E. Urbanisation, urban concentration and economic development[J]. Urban Studies, 2007, 44(13): 2499-2510.

[40] 王小鲁,夏小林.优化城市规模推动经济增长[J].经济研究, 1999(9):22-29.

[41] 陆铭.大国大城:当代中国的统一、发展与平衡[M].上海:上海人民出版社,2016.

[42] 高健.中国城市规模、效率与经济增长研究[D].山东:山东大学,2016.

[43] 丁从明,聂军.城市规模分布对资源配置效率的影响——基于中国23个省级面板数据的分析[J].城市问题,2016(10):4-11.

[44] 潘士远,朱丹丹,徐恺.中国城市过大抑或过小?——基于劳动力配置效率的视角[J].经济研究,2018(9):68-82.

[45] HE X B, Nicholas C S. Does economic growth affect urbanization? New evidence from China and the Chinese national congress[J]. Journal of Asian Economics, 2015(36):62-71.

[46] 万广华,ANETT H,郑思齐.城市化水平的决定因素:跨国回归模型及分析[J].世界经济文汇,2014(4):20-35.

[47] 陈诗一,刘朝良,冯博.资本配置效率、城市规模分布与福利分析[J].经济研究,2019(2):133-147.

[48] 田新民,王少国,杨永恒.城乡收入差距变动及其对经济效率的影响[J].经济研究,2009(7):107-118.

[49] 曹裕,陈晓红,马跃如.城市化、城乡收入差距与经济增长——基于我国省级面板数据的实证研究[J].统计研究,2010(3):29-36.

[50] 李宪印.城市化、经济增长与城乡收入差距[J].农业技术经济,2011(8):50-57.

[51] DAVID C Q, VICENTE R. Agglomeration, inequality and economic growth[J]. Annals of Regional Science, 2014(52):343-366.

[52] KOICHI T. Efficiency first or equity first? Two principles and rationality of social choice[J]. Journal of Economic Theory, 2002,104(2):462-472.

[53] 罗宾斯.过去和现在的政治经济学:对经济政策中主要理论的考察[M].北京:商务印书馆,1997:111.

[54] 弗里德曼.自由选择[M].北京:商务印书馆,1982.

[55] PHELPS E S. Income Tax cuts without Spending cuts:hazards to efficiency equity, employment and growth[J]. Journal of Policy Modeling, 2002,24(4):391-399.

[56] 陈永志,任力.论生产要素按贡献分配与居民收入差距[J].经济评

论,2004(2):12-16.

[57] 蒋学模."效率优先、兼顾公平"的原则是否需要修改[J].学术月刊,2007(5):73-76.

[58] 罗宾逊.经济理论的第二次危机[M].北京:商务印书馆,1979:12.

[59] CASELLI F, VENTURA J. A presentative consumer theory of distribution [J]. American Economic Review, 2000(90):909-926.

[60] SCHULTZ T W. Investment in human capital[J]. American Economic Review, 1961,51(1):8.

[61] ROSS S. The economic theory of agency:the principal's problem [J]. American Economic Review, 1973,(63):134-139.

[62] 安济收.构建社会主义和谐社会必须更加注重公平[J].经济问题,2007(8):41-42.

[63] 刘葆华.构建可持续发展的和谐社会:公平优先 促进效率[J].甘肃社会科学,2006(5):92-95.

[64] 萨缪尔森,诺德豪斯.微观经济学(第 17 版)[M].北京:人民邮电出版社,2004.

[65] 阿瑟·奥肯.平等与效率[M].北京:华夏出版社,1987.

[66] 刘国光.把"效率优先"放到该讲的地方去[N].经济参考报,2005-10-15.

[67] 过文俊.贫富差距:理性审视遭到多维调节[J].中国人口科学,2003(5):26-32.

[68] 茶洪旺.区域经济发展的第三种理论:非均衡协调发展[J].学术月刊,2008(10):71-77.

[69] 丁晓安.一种公平效率观:基于契约理性的尝试性探讨[J].经济评论,2010(4):42-48.

[70] 刘承礼.30 年来中国收入分配原则改革的回顾与前瞻——一项基于公平与效率双重标准的历史研究[J].经济理论与经济管理,

2008(9):47-52.

[71] 王丽艳,郑丹,游斌.实现人口城镇化与土地城镇化良性互动发展问题研究[J].当代经济研究,2014(12):62-69.

[72] 范进,赵定涛.土地城镇化与人口城镇化协调性测定及其影响因素[J].经济学家,2012(5):61-67.

[73] 王小鲁.中国城市化路径与城市规模的经济学分析[J].经济研究,2010(10):20-32.

[74] 王子敏,潘丹丹.城市化路径、速度偏差与能耗效应——土地城市化与人口城市化视角[J].北京理工大学学报(社会科学版),2016(9):24-32.

[75] 白先春,凌亢,郭存芝.我国人口城市化水平的统计分析[J].统计研究,2004(11):24-26.

[76] 方创琳,王德利.中国城市化发展质量德综合测度与提升路径[J].地理研究,2011(11):1931-1946.

[77] 唐保庆,宣烨."三元"城镇化对服务业增长的影响——作用机制、测度与实证检验[J].数量经济技术经济研究,2016(6):59-76.

[78] SHORROCKS A F. The class of additively decomposable inequality measures[J]. Econometrica, 1980(48):613-625.

[79] KALDOR N. A model of economic growth [J]. Economic Journal, 1957(67):591-624.

[80] GROSSMAN H. A general model of insurrection[J]. American Economic Review,1991(81):18-32.

[81] AGHION P, HOWITT P. Endogenous growth theory [M]. Cambridge：MIT Press,1998.

[82] 黄应绘.收入差距及收入分配公平测度研究的新思考[J].求实,2010(2):36-39.

[83] 姚芳,姚萍,孙林岩.我国行业间工资合理比例关系研究[J].山西财经大学学报,2004(3):48-50.

[84] 柏培文.我国城镇不同行业职工工资分配公平性测度[J].统计研究,2010(3):3-11.

[85] 马秀贞.论初次分配公平的评价标准与实现机制[J].理论前沿,2008(22):32.

[86] FARRELL M J. The measurement of productive efficiency[J]. Journal of the Royal Statistical Society,1957(120):252-290.

[87] 李晓宁.转轨时期实初次分配的效率与公平研究[M].北京:经济科学出版社,2010.

[88] 高帆.交易效率的测度及其跨国比较:一个指标体系[J].财贸经济,2007(5):104-110.

[89] 杨顺元.经济增长中效率测度的参数与非参数方法比较研究[D].天津:天津大学,2008.

[90] 熊正德,刘永辉.效率测度方法 DEA 的研究进展与述评[J].统计与决策,2007(20):149-151.

[91] 邹朋飞.效率测度方法的发展及在我国银行业的应用[J].技术经济与管理研究,2009(6):113-115.

[92] KUZNETS S. Economic growth and income inequality[J]. American Economic Review,1955,45(1):1-8.

[93] LUCAS R E. On the mechanics of economic development[J]. Journal of Monetary Economics,1988(22):1-42.

[94] 曹炳汝,孙巧.产业集聚与城镇空间格局的耦合关系及时空演化——以长三角区域为例[J].地理研究,2019(12):3055-3070.

[95] 柯健,李超.基于 DEA 聚类分析的中国各地区资源、环境与经济协调发展研究[J].中国软科学,2005(2):144-148.

[96] 孙敬水,董立锋.居民收入差距适度性测度研究[J].经济学家,2012(3):27-36.

[97] 罗汉武.能源与经济、环境协调发展的测度分析及政策研究——以河南为例[D].天津:天津大学,2009.

[98] 叶晓佳,孙敬水.分配公平、经济效率与社会稳定的协调性测度研究[J].经济学家,2015(2):5-15.

[99] 张效莉.人口、经济发展与生态环境系统协调性测度及应用研究[D].西安:西安交通大学,2007.

[100] 汤铃,李建平,余乐安,等.基于距离协调度模型的系统协调发展定量评价方法[J].系统工程理论与实践,2010(4):595-602.

[101] 王维国.论国民经济协调系数体系的建立[J].统计研究,1995(4):66-68.

[102] 陆铭,田士超.收入差距的负面影响及预警体系构建[J].学习与探索,2007(2):9-13.

[103] 王波,梁纪尧.我国居民收入分配差距监测及预警分析[J].工业技术经济,2008(3):126-130.

[104] 孙敬水,顾晶晶.行业收入差距监测预警研究——以浙江省为例[J].财经论丛,2010(9):6-11.

[105] "收入分配研究"课题组,姜玮.基于模糊综合评价法的收入差距扩大风险预警[J].企业经济,2010(9):137-141.

[106] 董立锋.中国地区收入差距适度性测度与预警研究[D].杭州:浙江工商大学,2012.

[107] KAMINSKY G, LIZONDO S, REINHART C M. Leading indicators of currency crises[R]. IMF Working Paper, 1997.

[108] ASHOT N, AMIT M. Neural networks and early warning indicators of currency crisis [J]. Reserve Bank of India Occasional Papers, 1999,20(2):1-36.

[109] KUO R J, WU P C, WANG C P. An intelligent sales forecasting system through integration of artificial neural networks and fuzzy neural networks with fuzzy weight-elimination[J]. Neural Networks,2002,15(7):909-925.

[110] 孙敬水,董立锋.居民收入差距适度性研究综述[J].经济理论与

经济管理,2012(3):108-112.

[111] 杭斌,赵俊康.VAR 系统——一种宏观经济预警的新方法[J].统计研究,1997(4):49-52.

[112] 王慧敏,陈宝书.基于理性预期的宏观经济预警系统研究[J].中国矿业大学学报,1998,27(3):272-275.

[113] 余根钱.中国经济监测预警系统的研制[J].统计研究,2005(6):39-44.

[114] 张安军.我国省域金融风险动态预警研究——基于浙江省月度样本数据的分析[J].经济理论与经济管理,2020(3):51-69.

[115] 李志强,詹锋,周丽琴.基于 BP 网络算法的区域协调发展预测与预警研究[J].统计研究,2006(4):24-26.

[116] 林宇,黄迅,徐凯.基于 RU-SMOTE-SVM 的金融市场极端风险预警研究[J].预测,2013(4):15-20.

[117] 王鹏,黄迅.基于 Twin-SVM 的多分形金融市场风险的智能预警研究[J].统计研究,2018(2):3-13.

[118] 熊海鸥.基于消避错理论的错误系统优化方法研究[D].广州:广东工业大学,2012.

[119] 刘丽容.从系统论视角看高职生休闲教育[J].教书育人(高教论坛),2016(27):24-26.

[120] 吴今培,李学伟.系统科学发展概论[M].北京.清华大学出版社,2010.

[121] 郭治安,沈小峰.协同论[M].太原:山西经济出版社,1991.

[122] 齐恒.可持续发展概论[M].南京:南京大学出版社,2011.

[123] 牛文元.可持续发展战略——21 世纪中国的必然选择[J].中国科学院院刊,2000(4):270-275.

[124] KENT P, SCHWIRIAN, JHON W P. An axiomatic theory of urbanization[J]. American Sociological Review,1962(6).

[125] 赵伟.城市经济理论与中国城市发展[M].武汉:武汉大学出版

社,2005.

[126] 王桂新.城市化基本理论与中国城市化的问题及对策[J].人口研究,2013(11):43-51.

[127] 姜晨.李克强:新型城镇化核心是人的城镇化[R].中央人民政府网站,http://www. gov. cn/guowuyuan/2014-03/05/content_2629422.htm.

[128] 任远.人的城镇化:新型城镇化的本质研究[J].复旦学报(社会科学版),2014(4):134-139.

[129] 阮陆宁.中部地区新型城镇化质量动态综合评价[J].商业经济研究,2016(14):191-193.

[130] 戴为民.国内外城市化问题研究综述[J].特区经济,2007(5):266-268.

[131] 章海山,詹宇扬.西方效率与公平理论的道德启示[J].江海学刊,2003(4):44-49.

[132] 丁伯根.生产、收入与福利[M].北京:经济出版社,1991:117-118.

[133] 周慧珺,沈吉.公平收入差距雨收入分配公平感[J].经济理论与经济管理,2020(7):30-42.

[134] 徐富明,黄龙,沈友田,等.参照依赖和损失规避对个体收入分配公平判断的影响[J].心理学探新,2020,40(01):79-83.

[135] 杨强.中国个人收入的公平分配[M].北京:社会科学文献出版社,2007.

[136] RAWLS J. A theory of justice[M]. Cambridge, Mass:Harvard University Press,1976.

[137] NOZICK R A. Anarchy, state and utopoia[M]. New York:Basic Books, Inc.,1974.

[138] 周天楠.分配公平的科学内涵及长效机制探析[J].理论学刊,2010(10):64-67.

[139] 房慧玲.构建和谐社会必须公平与效率并重[J].广东教育学院学报,2006(12):24-27.

[140] 苏为华.多指标综合评价理论与方法问题研究[D].厦门:厦门大学,2000.

[141] 苏为华.综合评价学[M].北京:中国市场出版社,2005.

[142] 张健华,王鹏.中国全要素生产率:基于分省份资本折旧率的再估计[J].管理世界,2012(10):20-30.

[143] 张晓飞,李勤.机械设备有害物质排放产生的机制及控制措施研究[J].机械工业标准化与质量,2012(7):19-22.

[144] 阿瑟·奥肯.平等与效率——重大抉择[M].北京:华夏出版社,2010.

[145] 李晓宁.转轨时期初次分配的效率与公平研究[M].北京:经济科学出版社,2010:23.

[146] 刘凤岐.国民经济中的利益分配[M].北京:中国社会科学出版社,2006.

[147] 刘乐山.财政调节收入分配差距的现状分析[M].北京:经济科学出版社,2006.

[148] GEOFFROY C. Equity, envy and efficiency under asymmetric information[J]. Economics Letters, 2008,99(2):265-267.

[149] 李实.中国农村劳动力流动与收入增长和分配[J].中国社会科学,1999(2):16-33.

[150] 郭剑雄.人力资本、生育率与城乡收入差距的收敛[J].中国社会科学,2005(3):27-37.

[151] 陈宗胜.经济发展中的收入分配[M].上海:上海三联书店出版社,1991.

[152] 蔡昉,都阳,王美艳.户籍制度与劳动力市场保护[J].经济研究,2001(12):41-49.

[153] 孙敬水.中级计量经济学[M].上海:上海财经大学出版社,2008.

[154] RICHARD A W. Generalized ordered logit/partial proportional odds models for ordinal dependent variables[J]. The Stata Journal, 2006, 6(1):58-82.

[155] 廖重斌.环境与经济协调发展的定量评判及其分类体系[J].热带地理,1999,19(2):171-177.

[156] 欧阳洁,郭开仲.可持续发展目标下环境评价方法支持系统的研究[J].环境科学动态,2000(3):1-6.

[157] 张效莉,黄硕琳.人口、经济发展与生态环境系统协调性测度及应用研究[M].北京:中国环境出版社,2008.

[158] 李翔,朱玉春.农村居民收入与消费结构的灰色关联分析[J].统计研究,2013(1):76-78.

[159] 刘耀彬,李仁东,宋学锋.中国区域城市化与生态环境耦合的关联分析[J].地理学报,2005,60(2):237-247.

[160] 郝海,踪家峰.系统分析与评价方法[M].北京:经济科学出版社,2007.

[161] 罗汉武.能源与经济、环境协调发展的测度分析及政策研究——以河南为例[D].天津:天津大学,2009:108-109.

[162] 王良虎,王钊,马雅恬.人口年龄结构、消费结构与产业结构协调发展研究——基于系统耦合协调度模型测度[J/OL].重庆工商大学学报(社会科学版):1-13[2022-01-11].http://kns.cnki.net/kcms/detail/50.1154.c.20201126.1211.002.html.

[163] 李强,韦薇.长江经济带经济增长质量与生态环境优化耦合协调度研究[J].软科学,2019(5):117-122.

[164] 宋旭光.可持续发展测度方法的系统分析[D].大连:东北财经大学,2002:126-134.

[165] 周敏,吴瑞明.可持续发展的协调性特征及其描述[J].科学管理研究,2000,18(1):59-61.

[166] 程开明.中国城市化与经济增长的协调度研究[J].商业经济与管

理,2010(9):86-91.

[167] 陈秋玲.社会风险预警研究[M].北京:经济管理出版社,2010.

[168] 高红倩.我国食品安全预警机制研究[D].北京:首都经济贸易大学,2011.

[169] 阎耀军.社会稳定的计量及预警预控管理系统的构建[J].社会学研究,2004(3):1-10.

[170] 顾晶晶.浙江省行业收入差距监测预警实证研究[D].杭州:浙江工商大学,2010:32-33.

[171] 宋林飞.社会风险指标与社会波动机制[J].社会学研究,1995(6):90-95.

[172] 宋林飞.中国社会风险预警系统的设计与运行[J].东南大学学报,1999(1):69-76.

[173] 赵彦云,李静萍.中国生活质量评价、分析和预测[J].管理世界,2000(3):32-40.

[174] 程锐,刘垲荣.区域交通运输与经济的协调性预警分析[J].交通科技与经济,2010(1):53-56.

[175] 刘玮娜,吴群,胡立兵.城市土地市场地价预警研究[J].国土资源,2005(3):35-37.

[176] 阎耀军.论社会预警的概念及概念体系[J].理论与现代化,2002(9):28-31.

[177] 顾海兵.宏观经济预警研究:理论×方法×历史[J].经济理论与经济管理,1997(4):1-7.

[178] 顾海兵.经济预警新论[J].数量经济技术经济研究,1994(1):30-37.

[179] 王耀中,侯俊军,刘志忠.经济预警模型述评[J].湖南大学学报(社会科学版),2004(3):27-31.

[180] 尚教蔚."十四五"我国新型城镇化发展新方向[J].中国建设信息化,2021(1):14-17.

[181] "十四五"时期中国新型城镇化发展重大问题展望[J].管理世界，
2020(11):7-21.

[182] 杨灿明,孙群力.2010 中国居民收入调查分析与政策建议[J].中
国财经信息资料,2011(24):16-20.

[183] 中共中央宣传部理论局.辩证看务实办(理论热点面对面
2012)[M].北京:学习出版社,人民出版社,2012.

[184] 刘世锦.加快改革与政策调整,促进经济增长动力的结构性转变
[J].经济研究,2002(12):12-14.

附　　录

附表1

附表 1-1　1997—2017 年上海新型城镇化指数、分配公平指数与经济效率指数

年份	新型城镇化指数	分配公平指数	经济效率指数
1997	−0.994 4	0.912 7	−1.125 3
1998	−0.970 8	0.913 7	−1.108 0
1999	−0.903 0	0.135 2	−1.069 9
2000	−0.835 7	−0.164 4	−0.898 2
2001	−0.826 2	−0.499 9	−0.754 7
2002	−0.752 1	−0.072 4	−0.674 8
2003	−0.665 8	−0.796 2	−0.331 6
2004	−0.453 9	−1.025 0	−0.081 6
2005	−0.479 7	−0.941 7	−0.091 5
2006	−0.137 6	−0.979 5	−0.125 2
2007	0.002 7	−0.824 6	0.186 6
2008	0.142 2	−0.679 3	0.385 8
2009	0.265 3	−0.359 2	0.094 4
2010	0.423 1	0.017 3	0.401 8
2011	0.546 3	0.201 1	0.589 7
2012	0.637 9	0.325 6	0.500 2
2013	0.794 9	0.437 5	0.569 3
2014	0.823 2	0.720 9	0.701 1

（续表）

年份	新型城镇化指数	分配公平指数	经济效率指数
2015	0.953 9	0.817 1	0.701 9
2016	1.144 2	0.883 8	0.909 6
2017	1.285 5	0.977 3	1.220 4

附表 1-2　1997—2017 年浙江新型城镇化指数、分配公平指数与经济效率指数

年份	新型城镇化指数	分配公平指数	经济效率指数
1997	−0.801 1	1.283 2	−1.103 6
1998	−0.574 4	1.150 9	−1.041 2
1999	−0.449 1	1.287 9	−1.062 2
2000	−0.901 9	1.120 2	−0.842 9
2001	−0.990 2	0.714 9	−0.813 0
2002	−0.833 1	0.526 4	−0.679 4
2003	−0.839 5	0.194 4	−0.315 4
2004	−0.680 8	0.023 9	−0.296 6
2005	−0.503 1	−0.115 1	−0.338 6
2006	−0.392 0	−0.125 3	−0.083 8
2007	−0.234 6	−0.170 4	0.023 6
2008	−0.071 2	−0.331 4	0.191 6
2009	0.080 5	−0.589 5	0.221 1
2010	0.368 2	−0.480 4	0.522 4
2011	0.589 4	−0.592 1	0.784 4
2012	0.774 7	−0.966 4	0.934 9
2013	0.822 9	−0.576 3	0.846 4
2014	0.908 4	−0.605 3	0.801 5
2015	1.100 4	−0.563 6	0.789 4
2016	1.251 2	−0.661 6	0.859 3
2017	1.375 2	−0.524 3	0.602 3

附表 1-3 1997—2017 年江苏新型城镇化指数、分配公平指数与经济效率指数

年份	新型城镇化指数	分配公平指数	经济效率指数
1997	−1.220 2	−1.065 3	−1.193 4
1998	−1.162 5	−0.882 3	−1.218 6
1999	−1.047 0	−1.147 7	−1.278 1
2000	−0.869 8	−1.006 5	−1.022 2
2001	−0.597 9	−0.974 6	−1.080 4
2002	−0.517 0	−0.971 5	−0.460 9
2003	−0.428 5	−0.617 9	0.204 6
2004	−0.298 0	−0.072 3	0.117 2
2005	−0.341 1	0.152 7	0.809 2
2006	−0.221 9	0.366 5	0.466 7
2007	−0.112 1	0.657 9	0.766 8
2008	−0.000 1	0.441 8	0.424 8
2009	0.187 7	0.290 7	0.631 2
2010	0.376 6	0.578 2	0.863 9
2011	0.526 9	0.569 5	0.429 4
2012	0.668 3	0.323 5	0.549 0
2013	0.873 6	0.605 5	0.489 0
2014	0.798 2	0.354 2	0.250 1
2015	0.957 9	0.822 5	0.148 5
2016	1.139 5	0.783 3	0.093 9
2017	1.287 6	0.791 7	0.009 3

附表 1-4 1997—2017 年安徽新型城镇化指数、分配公平指数与经济效率指数

年份	新型城镇化指数	分配公平指数	经济效率指数
1997	−0.266 7	−0.568 6	−0.791 0
1998	−0.407 0	−0.945 6	−1.201 4
1999	−0.624 2	−1.197 7	−1.173 5

(续表)

年份	新型城镇化指数	分配公平指数	经济效率指数
2000	−0.881 8	−0.950 6	−1.146 5
2001	−0.827 5	−0.836 8	−1.038 5
2002	−0.766 7	−0.682 6	−0.734 2
2003	−0.688 7	−0.627 3	−0.372 2
2004	−0.592 3	0.255 6	−0.117 8
2005	−0.454 3	0.220 0	0.057 8
2006	−0.374 5	0.120 5	0.299 4
2007	−0.260 7	0.201 5	0.321 1
2008	−0.099 8	−0.158 9	0.259 0
2009	0.021 6	0.073 6	0.341 6
2010	0.170 1	0.121 4	0.491 6
2011	0.388 4	0.162 8	0.096 0
2012	0.483 1	−0.015 8	0.506 4
2013	0.617 9	0.750 6	0.632 3
2014	0.691 1	0.832 1	0.662 1
2015	1.065 3	0.925 5	0.889 9
2016	1.287 5	1.044 2	0.960 5
2017	1.518 8	1.276 1	1.057 5

附表 1-5　1997—2017 年江西新型城镇化指数、分配公平指数与经济效率指数

年份	新型城镇化指数	分配公平指数	经济效率指数
1997	−0.672 1	−1.514 8	−1.144 0
1998	−0.477 5	−0.532 2	−1.313 4
1999	−0.721 6	−1.077 9	−1.348 9
2000	−1.053 6	−0.979 7	−1.221 5
2001	−0.940 1	−1.005 1	−0.797 4
2002	−0.845 0	−0.515 7	−0.282 9

(续表)

年份	新型城镇化指数	分配公平指数	经济效率指数
2003	−0.718 4	−0.363 4	0.134 0
2004	−0.556 2	−0.160 8	−0.102 4
2005	−0.507 4	0.017 6	−0.073 9
2006	−0.341 7	0.000 1	0.047 8
2007	−0.239 9	0.187 8	0.340 2
2008	−0.095 2	0.343 9	0.373 5
2009	0.134 6	0.452 3	0.690 3
2010	0.317 1	0.365 4	0.839 6
2011	0.516 8	0.494 3	0.735 1
2012	0.718 7	0.574 6	0.773 9
2013	0.935 6	0.436 9	0.566 7
2014	1.015 9	0.608 4	0.523 1
2015	1.075 8	0.798 3	0.558 5
2016	1.233 6	0.857 2	0.308 3
2017	1.220 7	1.012 9	0.393 4

附表 1-6 1997—2017 年湖南新型城镇化指数、分配公平指数与经济效率指数

年份	新型城镇化指数	分配公平指数	经济效率指数
1997	−1.444 2	1.187 1	−1.444 5
1998	−1.374 4	1.736 1	−1.215 4
1999	−1.168 4	0.994 5	−1.318 8
2000	−1.034 5	0.883 0	−0.853 6
2001	−0.933 7	0.750 3	−0.587 5
2002	−0.841 5	0.681 9	−0.580 3
2003	−0.687 8	1.072 1	−0.336 7
2004	−0.634 2	0.280 3	0.164 2
2005	−0.512 9	0.313 7	0.314 0

（续表）

年份	新型城镇化指数	分配公平指数	经济效率指数
2006	−0.358 7	0.301 5	0.286 4
2007	−0.153 3	0.198 9	0.836 3
2008	0.065 8	−0.263 3	0.439 4
2009	0.272 3	0.115 9	0.482 6
2010	0.492 5	−0.258 6	0.686 4
2011	0.756 4	−0.635 8	0.581 6
2012	0.943 4	−0.061 2	0.402 1
2013	1.120 6	−1.303 2	0.394 0
2014	1.308 3	−1.274 7	0.521 9
2015	1.130 9	−1.465 9	0.447 5
2016	1.408 0	−1.583 0	0.209 6
2017	1.645 6	−1.669 7	0.570 7

附表 1-7 1997—2017 年湖北新型城镇化指数、分配公平指数与经济效率指数

年份	新型城镇化指数	分配公平指数	经济效率指数
1997	−1.168 4	−1.007 7	−0.789 3
1998	−0.792 8	−0.986 4	−0.718 7
1999	−0.996 0	−0.676 8	−0.931 3
2000	−1.160 0	−0.772 5	−0.985 0
2001	−1.041 6	−0.943 0	−0.974 4
2002	−0.978 4	−0.335 3	−0.990 0
2003	−0.898 1	−0.188 0	−0.828 9
2004	−0.849 6	−0.631 0	−0.431 4
2005	−0.785 5	0.233 6	−0.308 5
2006	−0.387 4	0.078 1	0.019 7
2007	−0.231 9	0.499 5	0.176 5
2008	−0.026 9	0.257 7	0.178 0

（续表）

年份	新型城镇化指数	分配公平指数	经济效率指数
2009	0.304 6	0.100 1	0.418 0
2010	0.560 1	0.006 9	0.616 1
2011	0.638 8	0.109 5	0.961 4
2012	0.961 3	−0.308 5	0.712 4
2013	1.143 4	0.170 0	0.732 0
2014	1.250 2	0.571 6	0.745 4
2015	1.322 0	1.054 8	1.077 5
2016	1.537 5	1.305 9	0.672 6
2017	1.598 8	1.461 5	0.647 7

附表 1-8　1997—2017 年贵州新型城镇化指数、分配公平指数与经济效率指数

年份	新型城镇化指数	分配公平指数	经济效率指数
1997	−1.407 7	−1.348 1	−1.134 2
1998	−1.372 2	−0.924 7	−0.949 1
1999	−1.239 6	−1.327 0	−1.359 7
2000	−0.524 3	−1.220 9	−0.841 7
2001	−0.459 4	−0.438 1	−0.657 7
2002	−0.356 8	−0.893 6	−0.655 4
2003	−0.282 6	−0.420 8	−0.369 1
2004	−0.157 4	0.121 6	−0.082 4
2005	−0.092 3	0.288 2	−0.134 6
2006	−0.007 9	0.491 7	−0.072 0
2007	0.139 3	0.537 9	0.012 7
2008	0.268 9	0.292 9	−0.003 9
2009	0.411 5	0.443 7	0.089 4
2010	0.344 5	0.432 4	0.327 9
2011	0.220 8	0.489 1	0.963 2

（续表）

年份	新型城镇化指数	分配公平指数	经济效率指数
2012	0.478 1	0.496 5	0.740 6
2013	0.350 1	0.502 3	0.791 3
2014	0.810 8	0.420 0	0.788 4
2015	0.889 1	0.541 5	0.968 5
2016	1.026 4	0.716 6	0.593 8
2017	0.960 6	0.798 8	0.983 8

附表 1-9　1997—2017 年重庆新型城镇化指数、分配公平指数与经济效率指数

年份	新型城镇化指数	分配公平指数	经济效率指数
1997	−0.980 0	1.486 4	−0.892 6
1998	−1.016 2	1.760 1	−0.958 6
1999	−0.964 5	1.358 5	−0.816 5
2000	−0.925 0	1.464 6	−0.776 6
2001	−0.871 9	1.052 9	−0.732 6
2002	−0.744 4	0.412 4	−0.698 3
2003	−0.429 4	0.077 4	−0.474 0
2004	−0.373 8	0.209 3	−0.481 9
2005	−0.213 1	0.252 7	−0.400 7
2006	−0.356 2	0.153 0	−0.225 0
2007	−0.208 8	0.045 7	−0.174 4
2008	−0.123 5	−0.150 3	−0.072 9
2009	0.017 3	−0.416 4	0.043 4
2010	0.272 5	−0.260 0	0.200 7
2011	0.569 6	−0.389 9	0.419 8
2012	0.695 5	−0.631 1	0.674 1
2013	0.851 6	−1.011 0	0.829 8
2014	0.987 4	−1.144 6	1.034 1

（续表）

年份	新型城镇化指数	分配公平指数	经济效率指数
2015	1.085 5	−1.256 9	1.144 2
2016	1.293 4	−1.407 3	1.125 7
2017	1.433 9	−1.605 6	1.232 3

附表 1-10　1997—2017 年四川新型城镇化指数、分配公平指数与经济效率指数

年份	新型城镇化指数	分配公平指数	经济效率指数
1997	−0.951 4	−1.245 9	−0.924 9
1998	−0.888 9	−1.578 4	−0.895 9
1999	−0.833 9	−1.207 9	−1.244 7
2000	−0.844 8	−0.737 2	−0.932 6
2001	−0.763 4	−0.539 1	−0.880 7
2002	−0.668 5	−0.196 9	−0.779 7
2003	−0.508 9	−0.095 5	−0.545 2
2004	−0.420 2	−0.047 2	−0.463 4
2005	−0.326 2	0.006 5	−0.182 0
2006	−0.277 3	0.114 7	−0.036 6
2007	−0.169 7	0.224 2	0.338 4
2008	−0.061 8	0.096 6	0.120 0
2009	0.027 8	0.312 1	0.728 2
2010	0.185 2	0.114 2	0.695 9
2011	0.379 5	0.358 0	0.907 4
2012	0.545 8	0.566 5	0.944 6
2013	0.733 1	0.653 0	0.875 2
2014	0.911 8	0.672 6	0.767 2
2015	1.064 2	0.806 6	0.542 4

（续表）

年份	新型城镇化指数	分配公平指数	经济效率指数
2016	1.353 2	0.842 8	0.415 4
2017	1.514 5	0.880 2	0.551 1

附表 1-11　1997—2017 年云南新型城镇化指数、分配公平指数与经济效率指数

年份	新型城镇化指数	分配公平指数	经济效率指数
1997	−0.329 7	−0.560 4	−0.688 8
1998	0.398 9	−1.212 5	−0.665 0
1999	−0.075 2	−0.456 8	−0.927 6
2000	−0.890 0	−1.390 2	−0.993 6
2001	−0.873 2	−0.895 7	−0.906 1
2002	−0.793 2	−1.429 6	−0.684 4
2003	−0.756 9	−1.337 0	−0.663 1
2004	−0.686 9	−0.847 0	−0.435 4
2005	−0.503 4	−0.244 1	−0.498 4
2006	−0.496 4	−0.324 8	−0.209 9
2007	−0.370 4	−0.098 5	0.044 6
2008	−0.233 1	−0.069 2	0.047 0
2009	−0.106 0	0.288 2	0.043 5
2010	0.012 1	0.356 8	0.462 4
2011	0.213 9	0.722 9	0.489 7
2012	0.395 1	0.776 3	0.901 6
2013	0.640 3	0.988 2	0.993 1
2014	0.801 3	1.435 8	0.825 1
2015	1.005 5	1.346 0	0.853 7
2016	1.195 7	1.437 7	0.911 6
2017	1.451 8	1.513 8	1.100 0

附表 2

附表 2-1　1998—2017 年上海新型城镇化、分配公平与经济效率协调度

年份	$C(UJ)_t$		$C(UE)_t$		$C(EJ)_t$		$C(UJE)_t$	
1998	0.622 4	不协调	0.951 4	协调	0.696 8	不协调	—	—
1999	0.838 2	基本不协调	0.962 1	协调	0.810 1	基本不协调	0.755 8	基本不协调
2000	1.000 0	协调	0.999 8	协调	0.998 3	协调	0.951 5	协调
2001	0.979 6	协调	0.994 5	协调	0.978 8	协调	0.936 1	基本协调
2002	0.529 9	不协调	0.997 9	协调	0.524 3	不协调	0.855 5	基本协调
2003	0.584 2	不协调	0.900 4	基本协调	0.603 6	不协调	0.730 9	不协调
2004	0.934 4	基本协调	0.921 4	基本协调	0.914 1	基本协调	0.924 8	基本协调
2005	0.955 7	协调	0.946 7	基本协调	0.976 7	协调	0.980 0	协调
2006	0.947 3	基本协调	0.948 2	基本协调	0.994 6	协调	0.944 2	基本协调
2007	0.999 2	协调	0.929 0	基本协调	0.926 8	基本协调	0.969 1	协调
2008	0.996 6	协调	0.964 4	协调	0.985 6	协调	0.990 7	协调
2009	0.972 5	协调	0.805 7	基本不协调	0.749 9	不协调	0.858 0	基本协调
2010	0.919 3	基本协调	0.963 7	协调	0.916 2	基本协调	0.942 5	基本协调
2011	0.996 3	协调	0.989 2	协调	0.993 6	协调	0.972 4	协调
2012	0.998 1	协调	0.943 2	基本协调	0.928 0	基本协调	0.955 0	协调
2013	0.999 7	协调	0.991 6	协调	0.996 5	协调	0.986 8	协调
2014	0.990 3	协调	0.988 8	协调	0.952 6	协调	0.915 7	基本协调
2015	0.999 5	协调	0.966 4	协调	0.977 7	协调	0.967 8	协调
2016	0.998 8	协调	0.994 6	协调	0.987 3	协调	0.974 9	协调
2017	0.985 3	协调	0.955 4	协调	0.934 9	基本协调	0.943 2	基本协调
均值	0.912 4	基本协调	0.955 7	协调	0.892 3	基本协调	0.924 0	基本协调

附表 2-2　1998—2017 年江苏新型城镇化、分配公平与经济效率协调度

年份	$C(UJ)_t$		$C(UE)_t$		$C(EJ)_t$		$C(UJE)_t$	
1998	—	—	0.857 5	基本协调	0.871 6	基本协调	—	—
1999	0.706 5	不协调	0.815 6	基本不协调	0.978 5	协调	0.626 2	不协调
2000	0.999 0	协调	0.996 8	协调	0.995 9	协调	0.994 1	协调

（续表）

年份	$C(UJ)_t$		$C(UE)_t$		$C(EJ)_t$		$C(UJE)_t$	
2001	0.972 3	协调	0.883 2	基本协调	0.852 3	基本协调	0.855 7	基本协调
2002	0.995 7	协调	0.757 3	基本不协调	0.777 7	基本不协调	0.962 7	协调
2003	0.999 7	协调	0.596 7	不协调	0.694 5	不协调	0.877 8	基本协调
2004	0.831 3	基本不协调	0.969 2	协调	0.949 2	基本协调	0.919 5	基本协调
2005	0.961 0	协调	0.482 4	极不协调	0.478 6	极不协调	0.687 4	不协调
2006	0.999 9	协调	0.849 2	基本协调	0.809 3	基本不协调	0.960 5	协调
2007	0.795 4	基本不协调	0.842 2	基本协调	0.888 5	基本协调	0.926 6	基本协调
2008	0.974 2	协调	0.850 7	基本协调	0.965 6	协调	0.944 6	基本协调
2009	0.973 6	协调	0.927 6	基本协调	0.972 1	协调	0.948 6	基本协调
2010	0.810 5	基本不协调	0.877 4	基本协调	0.912 5	基本协调	0.921 8	基本协调
2011	0.998 0	协调	0.788 4	基本不协调	0.810 9	基本不协调	0.960 8	协调
2012	0.879 3	基本协调	0.964 2	协调	0.939 2	基本协调	0.932 5	基本协调
2013	0.955 5	协调	0.990 4	协调	0.965 1	协调	0.958 8	协调
2014	0.904 7	基本协调	0.995 9	协调	0.936 0	基本协调	0.908 1	基本协调
2015	0.999 8	协调	0.983 1	协调	0.700 4	不协调	0.872 5	基本协调
2016	0.989 7	协调	0.996 6	协调	0.958 7	协调	0.980 8	协调
2017	0.995 7	协调	0.983 9	协调	0.925 8	基本协调	0.974 3	协调
均值	0.933 8	基本协调	0.870 4	基本协调	0.869 1	基本协调	0.906 0	基本协调

附表 2-3　1998—2017 年浙江新型城镇化、分配公平与经济效率协调度

年份	$C(UJ)_t$		$C(UE)_t$		$C(EJ)_t$		$C(UJE)_t$	
1998	0.893 8	基本协调	0.905 5	基本协调	0.871 6	基本协调	0.985 2	协调
1999	0.875 8	基本协调	0.972 6	协调	0.978 5	协调	0.820 4	基本不协调
2000	0.805 8	基本不协调	0.840 9	基本不协调	0.995 9	协调	0.971 9	协调
2001	0.932 9	基本协调	0.992 5	协调	0.852 3	基本协调	0.933 6	基本协调
2002	0.989 9	协调	0.992 5	协调	0.777 7	基本不协调	0.998 9	协调
2003	0.971 7	协调	0.927 3	基本协调	0.694 5	不协调	0.992 7	协调
2004	1.000 0	协调	0.960 6	协调	0.949 2	基本协调	0.984 8	协调
2005	0.999 8	协调	0.934 4	基本协调	0.478 6	极不协调	0.925 1	基本协调
2006	0.980 6	协调	0.967 7	协调	0.809 3	基本不协调	0.998 1	协调

（续表）

年份	$C(UJ)_t$		$C(UE)_t$		$C(EJ)_t$		$C(UJE)_t$	
2007	0.990 1	协调	0.999 6	协调	0.888 5	基本协调	0.998 8	协调
2008	0.993 2	协调	0.993 3	协调	0.965 6	协调	0.987 0	协调
2009	0.942 8	基本协调	0.991 9	协调	0.972 1	协调	0.930 4	基本协调
2010	0.957 1	协调	0.940 1	基本协调	0.912 5	基本协调	0.993 4	协调
2011	0.995 0	协调	0.928 4	基本协调	0.810 9	基本不协调	0.922 3	基本协调
2012	0.776 8	基本不协调	0.979 0	协调	0.939 2	基本协调	0.841 1	基本不协调
2013	0.798 9	基本不协调	0.990 5	协调	0.965 1	协调	0.786 8	基本不协调
2014	0.999 6	协调	0.997 6	协调	0.936 0	基本协调	0.999 9	协调
2015	0.993 6	协调	0.995 7	协调	0.700 4	不协调	0.989 6	协调
2016	0.968 8	协调	0.990 2	协调	0.958 7	协调	0.992 2	协调
2017	0.988 6	协调	0.911 3	基本协调	0.925 8	基本协调	0.941 3	基本协调
均值	0.942 7	基本协调	0.960 6	协调	0.869 1	基本协调	0.949 7	基本协调

附表 2-4　1998—2017 年安徽新型城镇化、分配公平与经济效率协调度

年份	$C(UJ)_t$		$C(UE)_t$		$C(EJ)_t$		$C(UJE)_t$	
1998	0.604 8	不协调	0.651 6	不协调	0.741 0	不协调	—	
1999	0.710 2	不协调	0.993 4	协调	0.943 0	基本协调	0.868 6	基本协调
2000	0.975 5	协调	0.969 2	协调	0.985 3	协调	0.932 1	基本协调
2001	0.978 1	协调	0.961 7	协调	0.968 4	协调	0.989 9	协调
2002	0.991 9	协调	0.964 4	协调	0.999 9	协调	0.991 6	协调
2003	0.988 7	协调	0.907 1	基本协调	0.883 4	基本协调	0.969 3	协调
2004	0.284 5	极不协调	0.968 9	协调	0.522 6	不协调	0.639 3	不协调
2005	0.993 1	协调	0.995 3	协调	0.962 2	协调	0.965 6	协调
2006	0.989 8	协调	0.980 5	协调	0.980 7	协调	0.962 8	协调
2007	0.992 5	协调	0.995 2	协调	0.977 2	协调	0.993 2	协调
2008	0.761 4	基本不协调	0.947 8	基本协调	0.614 3	不协调	0.832 1	基本不协调
2009	0.973 4	协调	0.997 6	协调	0.967 7	协调	0.990 7	协调
2010	0.999 5	协调	0.995 8	协调	0.929 8	基本协调	0.994 1	协调
2011	0.986 6	协调	0.651 7	不协调	0.830 6	基本不协调	0.847 9	基本不协调
2012	0.821 5	基本不协调	0.811 4	基本不协调	0.920 9	基本协调	0.931 6	基本协调

（续表）

年份	$C(UJ)_t$		$C(UE)_t$		$C(EJ)_t$		$C(UJE)_t$	
2013	0.522 6	不协调	0.997 4	协调	0.822 0	基本不协调	0.740 5	不协调
2014	0.956 9	协调	0.979 4	协调	0.990 5	协调	0.993 9	协调
2015	0.964 8	协调	0.977 2	协调	0.973 3	协调	0.968 8	协调
2016	0.999 9	协调	1.000 0	协调	0.984 5	协调	0.997 7	协调
2017	0.987 1	协调	0.996 1	协调	0.889 8	基本协调	0.979 5	协调
均值	0.874 1	基本协调	0.937 1	基本协调	0.894 4	基本协调	0.925 7	基本协调

附表 2-5　1998—2017 年江西新型城镇化、分配公平与经济效率协调度

年份	$C(UJ)_t$		$C(UE)_t$		$C(EJ)_t$		$C(UJE)_t$	
1998	0.766 1	基本不协调	0.912 3	基本协调	0.797 4	基本不协调	—	—
1999	0.378 4	极不协调	0.975 2	协调	0.828 5	基本协调	0.707 3	不协调
2000	0.956 8	协调	0.916 3	基本协调	0.991 1	协调	0.955 7	协调
2001	0.878 2	基本协调	0.955 7	协调	0.961 0	协调	0.987 2	协调
2002	0.922 4	基本协调	0.838 4	基本不协调	0.827 4	基本不协调	0.871 4	基本协调
2003	0.998 6	协调	0.909 6	基本协调	0.866 7	基本协调	0.939 5	基本协调
2004	0.978 1	协调	0.734 3	不协调	0.895 2	基本协调	0.906 2	基本协调
2005	0.974 7	协调	0.985 8	协调	0.995 0	协调	0.983 5	协调
2006	0.999 3	协调	0.999 3	协调	0.990 6	协调	0.992 9	协调
2007	0.957 4	协调	0.948 1	基本协调	0.919 5	基本协调	0.973 7	协调
2008	0.947 0	基本协调	0.993 7	协调	0.999 9	协调	0.993 4	协调
2009	0.968 9	协调	0.908 9	基本协调	0.867 1	基本协调	0.947 6	基本协调
2010	0.992 5	协调	0.984 7	协调	0.934 7	基本协调	0.948 7	基本协调
2011	0.999 8	协调	0.969 8	协调	0.983 6	协调	0.990 8	协调
2012	0.991 5	协调	0.997 5	协调	0.995 0	协调	0.996 7	协调
2013	0.926 7	基本协调	0.949 7	基本协调	0.957 4	协调	0.953 0	协调
2014	0.999 7	协调	0.999 5	协调	0.996 5	协调	0.992 4	协调
2015	0.997 3	协调	0.977 1	协调	0.916 5	基本协调	0.984 0	协调
2016	0.998 8	协调	0.961 7	协调	0.935 7	基本协调	0.955 0	协调
2017	0.979 1	协调	0.932 0	基本协调	0.712 4	不协调	0.988 7	协调
均值	0.930 6	基本协调	0.942 5	基本协调	0.918 6	基本协调	0.950 9	协调

附表 2-6　1998—2017 年湖北新型城镇化、分配公平与经济效率协调度

年份	$C(UJ)_t$		$C(UE)_t$		$C(EJ)_t$		$C(UJE)_t$	
1998	0.962 7	协调	0.946 2	基本协调	0.936 4	基本协调	—	—
1999	0.935 5	基本协调	0.897 2	基本协调	0.886 5	基本协调	0.923 6	基本协调
2000	0.987 5	协调	0.990 1	协调	0.980 8	协调	0.883 2	基本协调
2001	0.861 7	基本协调	0.984 3	协调	0.875 4	基本协调	0.921 0	基本协调
2002	0.719 0	不协调	0.972 9	协调	0.684 2	不协调	0.878 4	基本协调
2003	0.960 3	协调	0.999 2	协调	0.959 2	协调	0.998 5	协调
2004	0.733 4	不协调	0.856 5	基本协调	0.768 1	基本不协调	0.811 4	基本不协调
2005	0.353 0	极不协调	0.985 6	协调	0.407 0	极不协调	0.767 0	基本不协调
2006	0.962 1	协调	0.941 4	基本协调	0.973 3	协调	0.957 4	协调
2007	0.701 8	不协调	0.998 1	协调	0.823 2	基本不协调	0.922 0	基本协调
2008	0.969 9	协调	0.992 2	协调	0.887 7	基本协调	0.968 4	协调
2009	0.964 3	协调	0.964 1	协调	0.936 1	基本协调	0.945 7	基本协调
2010	0.897 2	基本协调	0.966 2	协调	0.916 6	基本协调	0.960 4	协调
2011	0.959 4	协调	0.867 9	基本协调	0.839 5	基本不协调	0.941 3	基本协调
2012	0.452 6	极不协调	0.856 5	基本协调	0.434 2	极不协调	0.701 6	不协调
2013	0.988 1	协调	0.999 3	协调	0.960 9	协调	0.970 0	协调
2014	0.992 1	协调	0.999 9	协调	0.933 2	基本协调	0.909 4	基本协调
2015	0.881 9	基本协调	0.834 8	基本不协调	0.894 6	基本协调	0.801 4	基本不协调
2016	0.936 7	基本协调	0.727 9	不协调	0.733 4	不协调	0.880 9	基本协调
2017	0.999 7	协调	0.995 4	协调	0.934 9	基本协调	0.987 4	协调
均值	0.860 9	基本协调	0.938 8	基本协调	0.838 3	基本协调	0.901 5	基本协调

附表 2-7　1998—2017 年湖南新型城镇化、分配公平与经济效率协调度

年份	$C(UJ)_t$		$C(UE)_t$		$C(EJ)_t$		$C(UJE)_t$	
1998	0.839 9	基本不协调	0.982 7	协调	0.763 2	基本不协调	—	—
1999	0.972 2	协调	0.746 8	不协调	0.970 6	协调	0.868 1	基本协调
2000	0.978 1	协调	0.953 8	协调	0.970 7	协调	0.980 7	协调
2001	0.980 2	协调	0.998 0	协调	0.999 4	协调	0.990 8	协调
2002	0.988 2	协调	0.942 7	基本协调	0.943 0	基本协调	0.957 4	协调
2003	0.875 8	基本协调	0.993 2	协调	0.774 6	基本不协调	0.867 5	基本协调

（续表）

年份	$C(UJ)_t$		$C(UE)_t$		$C(EJ)_t$		$C(UJE)_t$	
2004	0.964 0	协调	0.784 3	基本不协调	0.995 7	协调	0.865 5	基本协调
2005	0.956 7	协调	0.985 3	协调	0.940 8	基本协调	0.979 7	协调
2006	0.992 6	协调	0.993 9	协调	0.931 0	基本协调	0.980 6	协调
2007	0.997 4	协调	0.597 8	不协调	0.617 5	不协调	0.824 1	基本不协调
2008	0.934 2	基本协调	0.794 1	基本不协调	0.797 5	基本协调	0.887 5	基本协调
2009	0.917 0	基本协调	0.999 9	协调	0.717 5	不协调	0.914 6	基本协调
2010	0.966 1	协调	0.935 1	基本协调	0.933 1	基本协调	0.967 1	协调
2011	0.990 4	协调	0.990 9	协调	0.997 4	协调	0.972 9	协调
2012	0.494 8	极不协调	0.932 6	基本协调	0.630 9	不协调	0.815 0	基本不协调
2013	0.982 7	协调	0.994 9	协调	0.362 2	极不协调	0.709 7	不协调
2014	0.997 9	协调	0.988 9	协调	0.990 4	协调	0.993 3	协调
2015	0.885 4	基本协调	0.912 6	基本协调	0.982 4	协调	0.952 0	协调
2016	0.885 9	基本协调	0.870 6	基本协调	0.880 6	基本协调	0.947 4	基本协调
2017	0.978 9	协调	0.871 4	基本协调	0.928 8	基本协调	0.936 0	基本协调
均值	0.928 9	基本协调	0.913 5	基本协调	0.856 4	基本协调	0.916 3	基本协调

附表 2-8　1998—2017 年重庆新型城镇化、分配公平与经济效率协调度

年份	$C(UJ)_t$		$C(UE)_t$		$C(EJ)_t$		$C(UJE)_t$	
1998	0.794 1	基本不协调	0.990 7	协调	0.806 1	基本不协调	—	—
1999	0.984 0	协调	0.993 9	协调	0.995 6	协调	0.988 2	协调
2000	0.914 4	基本协调	0.993 7	协调	0.903 5	基本协调	0.951 5	协调
2001	0.965 8	协调	0.995 6	协调	0.973 2	协调	0.990 2	协调
2002	0.793 3	基本不协调	0.999 8	协调	0.807 3	基本不协调	0.947 4	基本协调
2003	0.962 0	协调	0.956 9	协调	0.944 5	基本协调	0.987 7	协调
2004	0.978 8	协调	0.970 2	协调	0.999 3	协调	0.976 8	协调
2005	0.977 3	协调	0.995 4	协调	0.989 4	协调	0.986 1	协调
2006	0.907 0	基本协调	0.942 2	基本协调	0.992 4	协调	0.960 3	协调
2007	1.000 0	协调	0.999 9	协调	0.994 3	协调	0.993 0	协调
2008	0.999 0	协调	0.998 3	协调	0.994 1	协调	0.999 4	协调

（续表）

年份	$C(UJ)_t$		$C(UE)_t$		$C(EJ)_t$		$C(UJE)_t$	
2009	0.973 1	协调	0.999 0	协调	0.974 4	协调	0.997 6	协调
2010	0.953 1	协调	0.982 3	协调	0.946 1	基本协调	0.949 2	基本协调
2011	0.957 1	协调	0.963 0	协调	0.981 5	协调	0.984 0	协调
2012	0.999 9	协调	0.989 0	协调	0.968 3	协调	0.983 0	协调
2013	0.968 1	协调	0.998 3	协调	0.972 4	协调	0.982 5	协调
2014	0.999 9	协调	0.991 0	协调	0.992 1	协调	0.997 2	协调
2015	0.997 0	协调	0.985 2	协调	0.993 8	协调	0.997 5	协调
2016	0.997 1	协调	0.976 7	协调	0.962 2	协调	0.983 1	协调
2017	0.999 8	协调	0.988 7	协调	0.998 6	协调	0.992 7	协调
均值	0.956 0	协调	0.985 5	协调	0.959 5	协调	0.981 4	协调

附表 2-9 1998—2017 年四川新型城镇化、分配公平与经济效率协调度

年份	$C(UJ)_t$		$C(UE)_t$		$C(EJ)_t$		$C(UJE)_t$	
1998	0.540 2	不协调	0.976 9	协调	—			
1999	0.986 9	协调	0.647 9	不协调	0.828 5	基本不协调	—	
2000	0.895 6	基本协调	0.965 2	协调	0.985 9	协调	0.965 8	协调
2001	0.995 2	协调	0.986 3	协调	0.997 1	协调	0.974 1	协调
2002	0.907 9	基本协调	0.999 0	协调	0.977 1	协调	0.982 6	协调
2003	0.994 4	协调	0.992 1	协调	0.999 2	协调	0.991 4	协调
2004	0.999 3	协调	0.998 3	协调	0.990 9	协调	0.982 3	协调
2005	0.999 7	协调	0.945 5	基本协调	0.982 8	协调	0.986 5	协调
2006	0.995 2	协调	0.999 6	协调	0.993 9	协调	0.997 6	协调
2007	0.995 2	协调	0.851 5	基本协调	0.868 7	基本协调	0.961 0	协调
2008	0.939 3	基本协调	0.875 0	基本协调	0.948 8	基本协调	0.934 8	基本协调
2009	0.968 4	协调	0.585 7	不协调	0.653 2	不协调	0.826 2	基本不协调
2010	0.880 0	基本协调	0.993 8	协调	0.999 8	协调	0.979 8	协调
2011	0.967 5	协调	0.941 5	基本协调	0.899 2	基本协调	0.970 9	协调
2012	0.969 5	协调	0.998 7	协调	0.990 7	协调	0.986 1	协调
2013	0.999 5	协调	0.990 1	协调	0.996 1	协调	0.996 5	协调
2014	0.995 2	协调	0.976 8	协调	0.976 9	协调	0.991 8	协调

（续表）

年份	$C(UJ)_t$		$C(UE)_t$		$C(EJ)_t$		$C(UJE)_t$	
2015	0.997 3	协调	0.907 3	基本协调	0.858 3	基本协调	0.955 4	协调
2016	0.990 1	协调	0.976 5	协调	0.859 8	基本协调	0.981 0	协调
2017	0.997 0	协调	0.980 0	协调	0.995 1	协调	0.990 9	协调
均值	0.950 7	协调	0.929 4	基本协调	0.936 9	基本协调	0.969 7	协调

附表 2-10　1998—2017 年云南新型城镇化、分配公平与经济效率协调度

年份	$C(UJ)_t$		$C(UE)_t$		$C(EJ)_t$		$C(UJE)_t$	
1998	0.701 9	不协调	0.260 2	极不协调	0.889 5	基本协调	—	—
1999	0.923 2	基本协调	0.969 8	协调	0.989 2	协调	0.780 2	基本不协调
2000	0.992 8	协调	0.575 8	不协调	0.940 4	基本协调	0.552 6	不协调
2001	0.878 9	基本协调	0.997 5	协调	0.854 6	基本协调	0.998 5	协调
2002	0.724 0	不协调	0.986 8	协调	0.942 5	基本协调	0.885 3	基本协调
2003	0.987 0	协调	0.982 3	协调	0.815 8	基本不协调	0.998 4	协调
2004	0.921 2	基本协调	0.980 3	协调	0.918 6	基本协调	0.933 4	基本协调
2005	0.779 9	基本不协调	0.925 4	基本协调	0.946 5	基本协调	0.879 9	基本协调
2006	0.941 0	基本协调	0.941 6	基本协调	0.980 3	协调	0.956 7	协调
2007	0.966 4	协调	0.981 5	协调	0.953 3	协调	0.969 5	协调
2008	0.994 5	协调	0.977 4	协调	0.957 2	协调	0.984 3	协调
2009	0.914 3	基本协调	0.974 3	协调	0.995 4	协调	0.957 9	协调
2010	0.984 9	协调	0.836 7	基本不协调	0.877 1	基本协调	0.926 0	基本协调
2011	0.900 3	基本协调	0.986 4	协调	0.998 0	协调	0.979 8	协调
2012	0.996 4	协调	0.851 0	基本协调	0.842 9	基本不协调	0.917 4	基本协调
2013	0.988 1	协调	0.988 9	协调	0.882 8	基本协调	0.992 9	协调
2014	0.883 1	基本协调	0.891 5	基本协调	0.908 7	基本协调	0.911 0	基本协调
2015	0.981 7	协调	0.996 7	协调	0.975 3	协调	0.974 4	协调
2016	0.994 1	协调	0.982 7	协调	0.996 4	协调	0.991 7	协调
2017	0.953 0	协调	0.979 0	协调	0.991 3	协调	0.976 9	协调
均值	0.920 3	基本协调	0.903 3	基本协调	0.932 8	基本协调	0.924 6	基本协调

附表 2-11　1998—2017 年贵州新型城镇化、分配公平与经济效率协调度

年份	$C(UJ)_t$		$C(UE)_t$		$C(EJ)_t$		$C(UJE)_t$	
1998	0.983 4	协调	0.947 0	基本协调	0.982 2	协调	—	—
1999	0.800 2	基本不协调	0.838 5	基本不协调	0.923 7	基本协调	0.692 0	不协调
2000	0.661 8	不协调	0.732 1	不协调	0.870 0	基本协调	0.824 5	基本不协调
2001	0.916 7	基本协调	0.990 3	协调	0.710 1	不协调	0.875 2	基本协调
2002	0.521 3	不协调	0.920 7	基本协调	0.590 5	不协调	0.789 8	基本不协调
2003	0.994 1	协调	0.998 7	协调	0.973 8	协调	0.946 9	基本协调
2004	0.812 2	基本不协调	0.968 8	协调	0.806 5	基本不协调	0.856 6	基本协调
2005	0.930 9	基本协调	0.982 1	协调	0.974 6	协调	0.967 4	协调
2006	0.839 5	基本不协调	0.994 3	协调	0.902 3	基本协调	0.974 8	协调
2007	0.908 7	基本协调	0.998 3	协调	0.965 9	协调	0.996 8	协调
2008	0.977 4	协调	0.946 4	基本协调	0.987 6	协调	0.962 0	协调
2009	0.994 0	协调	0.980 0	协调	0.953 8	协调	0.990 7	协调
2010	0.969 8	协调	0.979 1	协调	0.979 8	协调	0.969 5	协调
2011	0.921 9	基本协调	0.642 1	不协调	0.576 3	不协调	0.778 9	基本不协调
2012	0.962 1	协调	0.994 4	协调	0.974 6	协调	0.919 3	基本协调
2013	0.932 6	基本协调	0.914 7	基本协调	0.979 7	协调	0.976 1	协调
2014	0.767 7	基本不协调	0.840 0	基本不协调	0.922 6	基本协调	0.900 8	基本协调
2015	0.965 2	协调	0.987 9	协调	0.949 7	基本协调	0.992 0	协调
2016	0.981 2	协调	0.744 4	不协调	0.783 2	基本不协调	0.874 4	基本协调
2017	0.983 3	协调	0.982 5	协调	0.842 0	基本不协调	0.925 3	基本协调
均值	0.891 2	基本协调	0.919 1	基本协调	0.882 5	基本协调	0.906 0	基本协调

附件1

新型城镇化进程中分配公平与经济效率的协调性问卷调查

您好：

　　我们是国家社会科学基金项目《新型城镇化进程中分配公平与经济效率的协调性研究》课题组，现正在对我国新型城镇化进程中分配公平与经济效率的协调性问题进行问卷调查，希望您抽出宝贵时间参与我们的问卷调查，问卷不记名、不涉及隐私，回答也不存在对错之分，仅供学术研究之用，请根据实际情况填写，您的回答对本课题研究具有重要意义，希望能得到您的大力支持与合作。非常感谢！

1. 您户籍所在的省份：〔单选题〕
○ 上海　　○ 安徽　　○ 北京　　○ 重庆　　○ 福建　　○ 甘肃
○ 广东　　○ 广西　　○ 贵州　　○ 海南　　○ 河北　　○ 黑龙江
○ 河南　　○ 湖北　　○ 湖南　　○ 江苏　　○ 江西　　○ 吉林
○ 辽宁　　○ 内蒙古　○ 宁夏　　○ 青海　　○ 山东　　○ 山西
○ 陕西　　○ 四川　　○ 天津　　○ 新疆　　○ 西藏　　○ 云南
○ 浙江

2. 您的常住地为（省）：〔单选题〕
○ 上海　　○ 安徽　　○ 北京　　○ 重庆　　○ 福建　　○ 甘肃
○ 广东　　○ 广西　　○ 贵州　　○ 海南　　○ 河北　　○ 黑龙江
○ 河南　　○ 湖北　　○ 湖南　　○ 江苏　　○ 江西　　○ 吉林
○ 辽宁　　○ 内蒙古　○ 宁夏　　○ 青海　　○ 山东　　○ 山西
○ 陕西　　○ 四川　　○ 天津　　○ 新疆　　○ 西藏　　○ 云南
○ 浙江

3. 若您的常住地为上海，请问常住地所在的区为：〔单选题〕
○ 浦东新区　○ 黄浦区　　○ 虹口区　　○ 静安区　　○ 杨浦区
○ 长宁区　　○ 徐汇区　　○ 普陀区　　○ 宝山区　　○ 闵行区
○ 青浦区　　○ 嘉定区　　○ 松江区　　○ 奉贤区　　○ 金山区

○ 崇明区

4. 您的户籍类型为：[单选题]

　　○ 城镇　　○ 农村

5. 您的性别：[单选题]

　　○ 男　　　○ 女

6. 您的年龄：[单选题]

　　○ 18 岁以下　　○ 18～30 岁　　○ 31～40 岁　　○ 41～50 岁

　　○ 51～60 岁　　○ 60 岁以上

7. 您的户籍是否发生过转变：[单选题]

　　○ 一直是城镇户口　　　　　　○ 一直是农村户口

　　○ 农村户口转成城镇户口　　　○ 城镇户口转成农村户口

8. 您的文化程度：[单选题]

　　○ 小学及以下　　○ 初中　　○ 高中(中专、职校)

　　○ 大专(高职)　　○ 本科　　○ 研究生及以上

9. 您目前的工作单位是：[单选题]

　　○ 政府机关、事业单位　　○ 国有(集体)企业　　○ 外资企业

　　○ 私营企业　　○ 个体户

　　○ 在校学生　　○ 农民　　○ 自由职业　　○ 没有工作

　　○ 其他_____

10. 您每月的税后收入：[单选题]

　　○ 3 000 元以下　　○ 3 000～5 000 元　　○ 5 000～8 000 元

　　○ 8 000～10 000 元　　○ 10 000～15 000 元

　　○ 15 000～20 000 元　　○ 20 000 元以上

11. 您家庭的住房类型：[单选题]

　　○ 老式的公房　　○ 一般商品房　　○ 高档别墅

　　○ 街道老房子(如弄堂、胡同等)　　○ 临时搭建简易棚

　　○ 农民房　　○ 其他_____

12. 您家庭的人均住房面积：[单选题]

○ 35 平方米以下　　○ 35～45 平方米　　○ 45～60 平方米

○ 60 平方米以上

13. 您常用的出行方式:[排序题,请选 1～3 项并在中括号内依次填入数字]

　　〔　　〕私家车

　　〔　　〕出租车

　　〔　　〕轨道交通(地铁、轻轨等)

　　〔　　〕公共汽车

　　〔　　〕共享交通工具(共享单车电动车)

　　〔　　〕私人摩托车(电动车)

　　〔　　〕私人自行车

　　〔　　〕步行

　　〔　　〕其他

14. 您对生活现状的满意度如何:[单选题]

　　很不满意　　○ 1　　○ 2　　○ 3　　○ 4　　○ 5　　很满意

15. 近五年来您的生活方式改变程度如何:[单选题]

　　几乎无改变　　○ 1　　○ 2　　○ 3　　○ 4　　○ 5　　改变很大

16. 您认为近五年您的生活在以下几个方面改变程度如何:

项目	改变很小	改变较小	一般	改变较大	改变很大
就业					
教育					
医疗					
交通					
物价					
娱乐					
居住环境					

17. 您认为当前城市化进程中面临的问题主要有哪些:[排序题,请选

1～3项并在中括号内依次填入数字]

[   ]城市规模扩张过快

[   ]城市环境污染日益突出

[   ]农民市民化跟不上土地城镇化（农民市民化：农民从事非农业行业，从各方面融入城市）

[   ]城市和农村不同的户籍政策，阻碍城市发展进程

[   ]城市和农村不同的土地政策，阻碍城市发展进程

[   ]其他

18. 您觉得当前我国城市与农村融合程度如何：[单选题]

完全分割　○1　○2　○3　○4　○5　完全融合

19. 您认为以下三个方面的收入差距程度如何：

项目	很低	较低	一般	较高	很高
全国总体					
城乡					
行业					

20. 您平均每月在以下方面的支出占总支出的比重如何：

项目	20%以下	20%～30%	30%～40%	40%～50%	50%～60%	大于60%
食品支出占比						
教育支出占比						
医疗支出占比						

21. 在您看来，农村居民与城镇居民相比，最大的不公平表现在：[排序题，请选1～3项并在中括号内依次填入数字]

[   ]社会保障体系（五险一金）

[   ]医疗环境

[   ]教育资源

[   ]就业岗位

[   ]信息公开

[   ]公共设施

[   ]其他_____

22. 您认为当前社会分配规则和标准的公平程度如何:[单选题]

　　非常不公平　　○1　○2　○3　○4　○5　　非常公平

23. 在您看来,当前公众对收入差距扩大的承受力:[单选题]

　　完全不能承受　　○1　○2　○3　○4　○5　　完全能承受

24. 您认为当前社会不公平竞争的原因主要有哪些:[排序题,请选1~
　　3项并在中括号内依次填入数字]

[   ]家庭出身

[   ]性别

[   ]财富多少

[   ]学历高低

[   ]体力好坏

[   ]其他_____

25. 在您看来,收入分配不公平现象加剧可能导致的后果有:[多选题]

□ 公众不满情绪上升

□ 政策威信下降

□ 社会不稳定程度上升

□ 社会分化加剧

□ 社会群体性行为频发

□ 经济发展速度放慢

□ 其他_____

26. 您认为当今政府资源配置效率如何:[单选题](资源配置效率是指
　　各种资源在各单位投入与产出的效率)

　　很低　○1　○2　○3　○4　○5　很高

27. 您认为获得的劳动报酬或收入与您付出的劳动相符程度如何:[单
　　选题]

非常不符合　○1　○2　○3　○4　○5　非常符合

28. 您认为当前资源配置有效利用面临的问题有哪些：[排序题,请选1～3项并在中括号内依次填入数字](资源配置是指资源的分配)

[　　] 资源闲置或浪费

[　　] 金融、物质、人力及财政等资源配置有明显的倾斜

[　　] 资源配置趋利性(过度追求经济增长速度等方面而忽视社会保障、社会福利等建设)

[　　] 政府在资源配置时不能及时了解群众的真实需求

[　　] 垄断造成资源有效利用率降低

[　　] 行政问责不规范(即使分配者分配时出现较大的不公平,也不会受到严厉的惩罚)

[　　] 其他_____

29. 您认为近五年我国在高新技术产业方面的发展程度如何：[单选题]

非常低　○1　○2　○3　○4　○5 非常高

30. 您认为我国近五年能源浪费情况如何：[单选题]

非常浪费　○1　○2　○3　○4　○5 非常节约

31. 您认为我国当前民众对能源使用的节能意识程度如何：[单选题]

非常低　○1　○2　○3　○4　○5 非常高

32. 您认为现阶段公平与经济效率的关系：[单选题]

○ 二者不可兼得,效率优先更重要

○ 二者不可兼得,公平优先更重要

○ 二者互相促进,效率和公平并重,不分先后

○ 初次分配注重效率,再分配注重公平

○ 初次分配和再分配都要处理好效率和公平的关系,再分配更加注重公平

33. 您认为当前社会公平与效率的协调程度如何：[单选题]

很不协调　○1　○2　○3　○4　○5　很协调

34. 您认为当前城市化进程与经济增长率的协调程度如何：[单选题]

很不协调　　○1　○2　○3　○4　○5　　很协调

35. 您认为目前的城市化进程与城乡居民收入差距的协调度如何:[单选题]

很不协调　　○1　○2　○3　○4　○5　　很协调

36. 您认为城市化、城乡居民收入差距和经济增长率三者之间的协调程度如何:[单选题]

很不协调　　○1　○2　○3　○4　○5　　很协调

37. 您认为城市化进程与城乡收入差距的相互作用是怎样:[单选题]
　○ 城市化加大了城乡收入差距,城乡收入差距对城市化有促进作用
　○ 城市化加大了城乡收入差距,城乡收入差距对城市化有抑制作用
　○ 城市化减小了城乡收入差距,城乡收入差距对城市化有促进作用
　○ 城市化减小了城乡收入差距,城乡收入差距对城市化有抑制作用